ENTERPRISER
CHOOSING
BETWEEN
WEALTH
AND
POVERTY

# 企业家

# 并购退出

LAW
OF
ENTERPRISER'S
PRIVATE
EQUITY
SALES

吴西彬——著

法律出版社 LAW PRESS · CHINA
北京

**图书在版编目（CIP）数据**

企业家并购退出 / 吴西彬著. -- 北京 ：法律出版社，2022

ISBN 978-7-5197-6226-1

Ⅰ. ①企… Ⅱ. ①吴… Ⅲ. ①中小企业－企业兼并－研究－中国 Ⅳ. ①F279.214

中国版本图书馆 CIP 数据核字(2021)第 237155 号

**企业家并购退出**
**QIYEJIA BINGGOU TUICHU**

吴西彬 著

策划编辑 周丽君
责任编辑 周丽君
装帧设计 汪奇峰

**出版发行** 法律出版社
**编辑统筹** 法律应用出版分社
**责任校对** 晁明慧
**责任印制** 吕亚莉
**经　　销** 新华书店

**开本** A5
**印张** 9　**字数** 210 千
**版本** 2022 年 1 月第 1 版
**印次** 2022 年 1 月第 1 次印刷
**印刷** 三河市龙大印装有限公司

地址：北京市丰台区莲花池西里 7 号(100073)
网址：www.lawpress.com.cn
投稿邮箱：info@lawpress.com.cn
举报盗版邮箱：jbwq@lawpress.com.cn

销售电话：010-83938349
客服电话：010-83938350
咨询电话：010-63939796



**书号**：ISBN 978-7-5197-6226-1　**定价**：56.00 元

凡购买本社图书，如有印装错误，我社负责退换。电话：010-83938349

# 目　　录

# 绪　言

15世纪至18世纪，随着经济结构转型升级，欧洲以人身依附为核心的社会关系被平等的契约关系替代，出现了依靠整合劳动和资金资源获取未来不确定收益的企业家阶层。企业度过“自然淘汰期”后开始成长，有些逐步强大，有些停滞不前。企业成长的实践显示，多数中小企业家不具备将企业做大、做强的能力，多数中小企业家缺乏“退出理念”。

# 第一节 研究目的

## 一、“企业”与“企业家”的识别过程

### (一)欧洲中世纪的人身依附关系

15世纪前的欧洲,大部分国家还处于第一产业阶段也就是种植养殖采矿等经济发展阶段,核心财富和收入源于土地,对土地的掠夺和保护是社会竞争的核心手段;以土地财产权为基础,形成了最核心的社会关系。作为一位杰出的封建制度研究者,法国学者马克·布洛赫在《封建社会》中提到,在欧洲中世纪曾经存在大贵族或者国王与仆扈之间的封建分封体制。[1] 因交通不便、通信不畅,在威权必须当面显效的时代,国王不借助地方势力无法落实有效统治,骑士以替大贵族或者国王出征也就是服兵役为代价,获得采邑,受封土地;这一时代的领主是武士阶层,兼具思考和运筹能力的精英武士成为大领主或者国王;多数人包括读书人只能跟从领主或者国王变成扈从,或者成为依附于大贵族扈从的仆人;获得领主或者国王的恩宠是这个时代政治的基本伦理[2]和人生进阶的最核心要素;公元1000年到1500年间,也就是中世纪后半程,虽然争夺土地的战争仍然频发,但主要以文化认同为纽带的民族国家或者政权区域内土地制度及以土地为纽带的人身依附关系基本上处于封建

---

〔1〕 参见[法]马克·布洛赫:《封建社会》(上卷),张绪山译,商务印书馆2004年版,第274~282、354~366页。

〔2〕 参见[法]孟德斯鸠:《论法的精神》,许明龙译,商务印书馆2012年版,第36页。

体制保护之下。在这个时代，土地既是国王的，也是大贵族的，普通骑士也对土地拥有权利，而佃户在实际耕种土地，佃权迭代继承演变成永续的“永佃权”。

（二）产业升级与平等趋势

15 世纪至 18 世纪，随着经济结构从第一产业升级到第二产业、第三产业，农民开始成为资本驱动型农业的契约租户或者变成城市市民，以土地所有制关系为基础的人身依附关系开始被各类平等的契约关系替代。有人十分精准地发现，平等正以不可阻挡的趋势改变着欧洲各个国家的社会结构，底层民众地位开始上升、贵族开始没落；[1]有些人成为自主创业的作坊主、自雇的手工业者或者独立专业工作者，很多人成为被雇佣的工厂工人；在 18 世纪大工业之前，还存在一个明显的手工业时代，商人阶层是这些手工业者与市场的纽带。[2]

（三）内部交易成本低于外部成本——企业和企业家诞生

在 15 世纪至 18 世纪欧洲国家现代化转型过程中，如下通行说法已经被多数人接受：由于需要降低市场交易成本（主要是信息成本）这一内在动因，从而形成了“企业”这一组织形式，创造了具备创新精神以索取未来“不确定性剩余收益”为目的的企业家阶层；[3]他们是资本家的“合伙人”，有时候企业家本身就是资本家；他们的

---

〔1〕 参见［法］托克维尔：《论美国的民主》（上卷），董果良译，商务印书馆 1989 年版，第 7 页。

〔2〕 参见［法］费尔南·布罗代尔：《十五至十八世纪的物质文明、经济和资本主义》（第 2 卷），顾良、施康强译，商务印书馆 2017 年版，第 345~350 页。

〔3〕 参见［美］奥利弗·E. 威廉姆森、西德尼·G. 温特编：《企业的性质》，姚海鑫、邢源源译，商务印书馆 2010 年版，第 26~30 页。

主要收入不再是工资或者劳务报酬,虽然他们也从企业获得作为管理者的固定报酬,但是,他们的核心工作是利用“企业”这种组织形式——无论是何种责任形式——将资本、劳动等资源整合在一起,雇用他人并向他们支付相对固定的报酬,向金融机构或者其他拥有资本的人借入资金,租赁房屋或者土地作为经营场地并向房东或者地主支付租金,他们的核心收入是企业支付各类固定费用或者租金(包括利息、工资等)后的剩余报酬,这些剩余报酬在“企业”制度完善后的今天已经有了统一称谓——利润;从这个角度讲,利润的本质属性是各资源方(劳动方和资本方)向企业家购买管理技能的对价,是企业家因向各资源方提供了管理价值(降低了各资源方的交易成本)而获得的报酬;这些人因其鲜明的共性——获得“企业利润”这一不确定性收益——被统一称为“企业家”。

(四)从“李约瑟之问”到改革开放——中国企业家的诞生

新中国成立后,中国企业家作为一个群体被识别仅是近几十年的事情。在19世纪之前的几个世纪,欧洲主要国家已经纷纷进入或者完成了以大工业为基础的现代化转型;中国自19世纪40年代开始从高点缓慢下落积重难返,土地所有制枷锁让中国未能如欧洲主要国家那样完成现代化转型,产业结构升级不充分,在欧美主要国家纷纷进入工业化的时代背景下,土地所有制关系以及农民问题仍然是当时中国社会的核心矛盾之一,中国社会靠自上而下的自我改良的任何努力均告失败;杰出领袖人物领导的中国土地革命、民主和民族解放运动打破了土地所有制关系的桎梏,解放了中国社会生产力,最大限度地释放了中国民众参与社会建设的热情,中国社会从20世纪初期开始了现代化转型。中国一百多年来多方面的实践对比为“李约瑟之问”[1]提供了令人茅塞顿开的答案;[2]改革开放以来,民众的自发创造力被充分释放,企业家开始逐渐成为一个有目共睹的为社会经济发展增速的动力源。民营企业提供了庞大的就业岗位,贡献了大量税收,企业家个人也获得了令人羡慕的收入。[3] 但是,因企业家在中国产生的时间较短,围绕这个群体的各种问题随之而来。

(五)不确定收益与固定收益——企业家与固定收入者的区别

可以将企业不含(增值)税的营业收入用一个横线、并用100%这个相对数字来计量。以一个生产型公司为例,假定生产成本(包括原材料、车间工人工资、生产设备和厂房折旧、水电能耗等)占50%,销售费用占10%,债务利息(财务费用)占10%,向管理团队(也包括企业家自己)支付的酬金和其他管理费用(管理费用)占10%,向国家支付的税金(系指所得税)占比5%,最后剩余15%的净利润,就是企业家自己的收益;企业家以企业股东身份获得利润,收益按公司章程规定的分配方式和比例归属于企业的权益持有者(股

---

[1] “李约瑟之问”即:“为什么现代科学没有在中国(或印度)文明中发展,而只在欧洲发展出来?”以及“为什么从公元前1世纪到公元15世纪,在把人类的自然知识应用于人的实际需要方面,中国文明要比西方文明有效得多?”[英]李约瑟:《文明的滴定》,张卜天译,商务印书馆2018年版,第176页。

[2] 参见韩毓海:《五百年来谁著史——1500年以来的中国与世界》(第3版),九州出版社2011年版,“序言”第3~11页。

[3] 民营企业提供了全国税收的50%以上、税收增量的65%以上,根本改变了中国的税收来源格局;民营企业就业占城镇就业存量的80%、增量的95%以上,根本改变了中国的就业格局;民营企业使中国富翁产生的速度与规模超过中外历史任何时期,根本改变了中国的财富积累结构。参见高春倾:《大成企业研究院报告显示:民营经济给中国经济社会带来的15个根本变化》,载《中华工商时报》2018年9月14日,第2版。

东);如果成本控制能力强,或者企业所在行业处于高速上升期,竞争不激烈,企业家收益占比还可能更高;如果行业竞争信息透明,企业所在行业充分竞争,企业家利润就会很低甚至成了负数(亏损)。

从另一个角度来看,企业当期亏损不意味着企业经营失败,企业当期亏损也不意味着未来亏损,在面对未来的不确定性时,典型的企业家是将未来的不确定性看作收益的可能性,而不是损失的风险;不具有企业家精神的其他人可能恰恰相反,将不确定性看作失败的风险,而寻求一个保险机制——以确定性的当期固定收入来应对不确定性的未来——降低风险意味着收入减少,这些厌恶风险的多数人遏制对未来的企图而减少的收入,可以形象地看作他们向企业家或者其他雇主支付的"保险费"。

(六)"实盘"与"虚盘"——企业家兼具思考力和执行力

在中世纪欧洲的封建体制下,任何武士都不是仅仅战场杀敌而成就一番伟业;在当代社会,任何人士不是仅仅具备专业思考和运筹能力,或者仅仅具备执行力,就因为这一天资聪慧的必要条件而独领风骚的。欧洲封建时代的领主出身于武士,但仅此不足以使其成为武士的领袖;荷马笔下的奥德修斯,[1]如果仅仅贡献了"木马屠城"计谋,他将默默无闻,而是特洛伊战争后在爱琴海十年磨难坚持不懈的坎坷征途让他成为人类心智成熟的代表,作为英雄被传颂两千年;如果学术精英求稳思定,一定要区分这是柏拉图《理想国》

〔1〕 系指参与特洛伊战争来自希腊半岛西部伊萨卡小岛的国王,他贡献了"木马屠城"计谋,战后用10年时间从特洛伊返回伊萨卡,他的仆人荷马用他本人的经历撰写了流传两千多年的《伊利亚特》和《奥德赛》。

中富足后的主动奉献,[1]还是因为厌恶风险而裹足不前。如果是后者,那些勇敢地将自己抛向未知未来的读书人,才更显得弥足珍贵;衣着光鲜者徒穷,自我吹嘘者才疏而不自知,而号称行善积德者则可能是对其卑劣行径的主动掩饰;如果一个人谦卑,一定要分清楚他是刚刚出道还是曾经沧海,对于前者的实事求是,必须奖赏,对于后者的虚怀若谷,要倍加尊崇;一个合格的企业家,具备思考力和行动力这两项必要条件,为美好未来主动创业,或者在创业失败后再次创业,或者多次尝试自我提升的企业家,才真正具备成就一番事业的潜质。

## 二、企业的自然淘汰

### (一)企业的"婴儿期"

新设企业多数未能成功"活过""婴儿期",这也就是企业的"自然淘汰期"。没有数据能说清楚企业的"自然淘汰期"有多长;但是,根据经验,3~5年时间,足可辨识出一个创业者的创业动机是一时冲动还是深思熟虑,也可以甄别出一个创业者是为了躲避职场竞争,还是企求走向属于勇敢者的"鲜花烂漫"的未来。

一般来说,自然人的自然淘汰期是在5岁之前,各国均用婴儿死亡率或者5岁以下儿童死亡率这个令人悲伤的数据来衡量其基础卫生医疗条件,在中世纪欧洲,婴儿死亡率有时候会超过50%;现在非洲许多贫穷的国家,婴儿死亡率也超过了10%;基础卫生医疗条件

[1] 柏拉图《理想国》中认为通过高等教育的层层选拔,"富足"(具备获得真正幸福的能力)且年纪较大(50岁以后)的人,才应承担处理政治事务及治理社会的义务,主动奉献社会。

好的国家,如中国,新中国成立后的婴儿死亡率几乎是世界最低的TOP10。[1] 一些国家政府为了提高企业"存活率",对"婴儿期"的企业实施补贴,如在德国,本应倒闭的小微"僵尸企业"因获得政府补偿成为企业中的"行尸走肉",这不仅加剧了竞争,使正常企业必须压低价格才能获得订单;而且也使在"僵尸企业"就业的熟练工无忧无虑养尊处优,正常企业则必须提高工资才能吸引到熟练工;德国虽然精于制造,但是创新乏力,这是一个潜在的重要原因。[2]

(二)企业"自然淘汰"的伦理基础

企业"自然淘汰"的目的在于考验创业者是否具备作为一个企业家的基本素养。很多企业在3年到5年"夭折"或者徘徊不前萎缩为固定收入的替代品,3~5年不是一个常规企业的生命周期,而仅仅是企业是否有资格作为企业、企业创始人是否有能力整合资源成为一个合格企业家的自然淘汰周期,这符合企业发展的规律,不

---

[1] 新中国成立前,婴儿死亡率高达200‰;新中国成立后,妇幼健康事业面貌焕然一新,妇女儿童健康水平不断提高,2018年婴儿死亡率下降到6.1‰。参见妇幼健康司:《中国妇幼健康事业发展报告(2019)》,载中华人民共和国国家卫生健康委员会官网,http://www.nhc.gov.cn/fys/s7901/201905/bbd8e2134a7e47958c5c9ef032e1dfa2.shtml,最后访问时间:2021年3月12日。

[2] "科隆经济研究所(IW)的经济学家克劳斯-海纳·罗尔在接受《商业内情》采访时解释道:'僵尸公司人为地加剧了竞争形势。'他说:'这意味着,健康的企业必须提供更便宜的产品,这对它们的销售和利润发展产生了负面影响。'僵尸公司造成的另一个问题是它们对就业市场的影响。它们束缚了熟练工人,其中一些人是健康的公司迫切需要的。经济学家罗尔说:'这些员工有时不得不碰运气——公司必须破产,这样他们才能找到在经济方面更有生产力的新工作。'"参见中华人民共和国商务部:《看不见的危险:僵尸企业如何拖累德国经济》,载中华人民共和国商务部官网2020年7月7日,http://www.mofcom.gov.cn/article/i/jyjl/m/202007/20200702982880.shtml。

是坏事。与加强婴幼儿健康医疗投入同理,中国基层政府对创业者补贴赋能的初衷是理性的,补贴也可能导致好的企业如虎添翼,但本应被自然淘汰的企业也获得了不该有的苟延机会;避免以引流税源、夯实税基为目的的补贴沦落为骗子的诈骗手段,必然应该是“补贴核准在先而补贴资金兑现在后”,兑现补贴还应等待特定条件实现,补贴也应逐步落实;政府补贴审核重书面材料而轻实绩,羞于或者隐忍于对造假者处罚的后果其实是反向淘汰机制,“劣币驱逐良币”,那些不齿于造假的人或者尊重规则的人将无法从政府补贴中受益,而骗取补贴者总能尝到甜头,这些企业最终成了企业中的“怪胎”;企业“自然淘汰”是一种筛选机制,企业家在自然筛选中逐步成长成熟,超越“自然淘汰期”成功生存下来的企业就可能成为有一定资源整合能力的经营主体。

(三)企业成长期,考验企业家的自控力

多数企业在成长期仍然“羸弱”,政府加大对成长期企业的补贴,则恰逢其时;由于会受到各种直接竞争手段冲击,还有不期而遇的“黑天鹅”,[1]以及考验企业家自控力的各种诱惑,一部分企业会再次萎缩或者倒闭;只有少数企业才能成长为“小而强”甚至“大而

---

〔1〕 塔勒布认为“黑天鹅”事件具有三个特点:“首先,它具有意外性,即它在通常的预期之外,也就是说没有任何能够确定它发生的可能性的证据。其次,它会产生极端影响。最后,虽然它具有意外性,但人的本性促使我们在事后为它的发生编织理由,并且使它变得可解释和可预测。”参见[美]纳西姆·尼古拉斯·塔勒布:《黑天鹅》,万丹、刘宁译,中信出版社 2011 年版,序言。

强”的有竞争能力的企业；更幸运的，如果企业家“蓝海战略”成功，[1]进入一个高速成长行业，其中很多相关主体都会获得较好的收成，表现为毛利润高、营业收入复合增长率高、对新进入者设定的门槛很低从而导致新进入者多如牛毛，而惨烈竞争很快就会到来，赢者通吃的局面基本不会出现或者出现后也不会持久；自然人创办的企业，除少数企业家创办的少数企业在规模上能够变为大中型企业外，大多数都会在小微状态下徘徊、随波逐流。

（四）对企业规模的新认知

由于来自外界的竞争压力，趋于停滞或者萎缩，企业规模扩张停滞不仅在客观层面，而且更主要在主观层面，那些已经超越大多数企业家理解能力的客观因素促生的个别有悟性企业家实践的真知，可能会促使其把主动停止扩张或者不再将扩张作为首要战略，从做大转为做强，从外延扩张转为“练内功”。最终，一部分贪大求全的企业家也终于会后觉后悟出：如果还有重来一次的机会，他肯定不会“大而弱”的企业，而会将他的企业锤炼成“小而强”的精品。

## 三、企业家成功创业的目标

多大规模的企业才是适当的？让诸多企业家在企业规模扩张

---

〔1〕“‘蓝海战略’系由欧洲工商管理学院的 W. 钱 · 金（W. Chan Kim）和莫博涅（Mauborgne）提出的。蓝海战略认为，聚焦于红海等于接受了商战的限制性因素，即在有限的土地上求胜，却否认了商业世界开创新市场的可能。运用蓝海战略，视线将超越竞争对手移向买方需求，跨越现有竞争边界，将不同市场的买方价值元素筛选并重新排序，从给定结构下的定位选择向改变市场结构本身转变。”参见 MBA 智库百科“蓝海战略”词条，载 MBA 智库网，https://wiki.mbalib.com/wiki/蓝海战略，最后访问时间：2021 年 3 月 12 日。

时心力交瘁不能言说得具体原因到底是什么？是企业人才短缺吗，是生存环境恶劣吗，是资金短缺吗，是行业竞争惨烈吗，是上下游客户强势吗，还是其他？笔者尝试探究在中小企业成长成熟中找寻普通企业规模的边界和普通企业家成功的密码。

（一）多数企业家不具备“大航海”的能力

很多人知道，在古希腊文明初期的公元前1193年，古希腊迈锡尼国王阿伽门农就有能力组织希腊联军船队穿越爱琴海去特洛伊抢夺“美女”，〔1〕并不说明当时已掌握大航海技术。爱琴海的海岛星罗棋布而被称为“多岛海”，岛屿与岛屿之间距离很近；同时，来自大西洋的海风到爱琴海已经减弱，爱琴海海面四季温顺平滑，波澜不惊，沿希腊半岛到特洛伊，目视着岛屿穿越爱琴海航行与在岸边划船没有实质区别；很少有人能在大航海时代之前有能力从希腊半岛横穿爱奥尼亚海（是地中海一个支海，在希腊以西，西西里岛以东，意大利半岛东南）到达西西里岛；大航海时代之前的所谓海航，与港口和海岸相关，船只沿海岸从一个港口划行到另一个港口，港口之间距离通常是一天航程，海航其实就是沿着岸边划船，与路上运输几乎没有区别。〔2〕

所有人都知道，企业竞争是不流血的“战争”，有“西方兵圣”之称的德国战争学鼻祖克劳塞维茨认为，战争在引入“政治目的”之前

〔1〕阿伽门农因其弟弟墨涅拉俄斯的妻子海伦被特洛伊王子帕利斯拐走而发动了特洛伊战争。实质上，发动这场战争的真正核心目的是特洛伊交通发达，商业繁荣。以阿伽门农为统领的联军想要将这一富庶之地据为己有。

〔2〕参见［法］费尔南·布罗代尔：《地中海与菲利普二世时代的地中海世界》（第1卷），唐家龙、曾培耿等译，商务印书馆2017年版，第142~156、344~347页。

的第一法则就是“无所不用其极”,[1]限于“作战能力”和资金,多数中小企业创办者仅仅能在“爱琴海”或者夏季的地中海岸边航行,不具备穿越大西洋、地中海甚或爱奥尼亚海直达彼岸的能力;而持续竞争的加剧势必会让不具备“航海”能力的多数中小企业进入未知的波涛大海,一旦进入大海,多数中小企业恰如大航海时代横穿大西洋远航待归的帆船,企业家的心情就如数日守着岸边翘首以待的亲人和朋友,成功返港并传播着一个船队如何在巨浪中成功幸免于难、船长如何平息船员叛乱的英雄事迹;企业家的成功却是以安然返航定居陆上或者继续在“爱琴海”航行为标准的;甚至更进一步地说,对多数企业家来说,成功是以历次出海都能安然返航最终不再去大海远航为标准的。如果能将普通企业家愁锁解开,发现企业家成功的真正密码,使企业家哪怕劝返一只再次“领衔远洋”,善莫大焉!

(二)培养“退出理念”

亲身实践以及来自实践的亲身感知才是真知识。但是,生也有涯,悟也有限,多数人自身的感知必然稍显浅薄,不成体系而且领域狭窄。因此,对于不同领域、不同时代、不同专业人士的亲身感知,就是那些跨专业的或者传世的著作,有必要去尝试了解,以弥补认知的“短板”,这就是阅读的效果;大多数人都理解阅读尤其是系统性持续阅读的好处。企业家是实践的“巨人”,其“真知”应该与其他领域的“灼见”结合,真心希望企业家能有耐心全文阅读一本真正的精品书籍,哪怕你不喜欢读书;很多人都认同很多企业家的观点:

[1] 参见[德]卡尔·冯·克劳塞维茨:《战争论》,时殷弘译,商务印书馆 2016 年版,第 101~106 页。

企业发展诀窍不在“纸上谈兵”而在真实战场,成功的因素是去做而不仅在读,去做才是企业成功的基础;但是,如果要想成为一个持续成功的企业家,还必须借助于系统的阅读和深入的思考;精读一本十多万字的著作,大概需要一周时间,每天用上 2 个小时,轻松又益智。本书试图达到向企业家传达“退出理念”这个看似遥不可及的效果。

(三)研究者的“实盘”与“虚盘”

有学术背景的咨询机构合伙人是集实践和学术于一身的典型职业。他们不是企业家但有企业家的潜质,如有学术背景的律师放弃大学教职的固定收入,选择了以适度不确定性收入为主的咨询行业;但是,律师必须亲自操作所咨询的案子,而企业家的核心功能在于整合资源,日常工作是管理其他人的预期,企业家整合的各类资源中,专业咨询方属于其外购服务提供者,也属于被整合的资源之一;咨询业从合伙人亲力亲为的角度来说不存在杠杆,但是,如果他们服务的交易额度足够大,哪怕几个百分点的收费比例,也足以让他们获得类似于中小企业主量级的收益,这与传统产业企业家的杠杆性收益如出一辙。[1] J. P. 摩根在盛年时候单笔咨询业务收入数百万美元(按照黄金牌价测算,相当于现在的数亿美元),咨询业务都是他亲手操刀具体沟通,包括 4.8 亿美元收购钢铁大王卡耐基钢铁公司等诸多事项,如果没有他亲自参与,这些项目可能被其他机构抢走,或者在交割、融资等环节失败。有学术背景的律师是专业

---

〔1〕 史蒂芬·施瓦茨曼(别名:苏世民)在《我的经验与教训》中描述的首要经验就是尽可能做更大的事情以提高工作效率。参见[美]苏世民:《苏世民——我的经验与教训》,赵灿译,中信出版集团股份有限公司 2020 年版,第 24 页。

工作者,受过学术训练,服务于社会经济发展,兼具"发展科学"系指自身行业的规律性知识的社会功能;律师"发展科学"的核心目的不侧重于学科发展和教育他人,重点在立足长远,为细分行业提升认知水准,扩大律师行业的社会影响力,向社会及普罗大众输送价值。

## 四、人文研究——一场探究认知极限的荆棘之路

### (一)难以被说服的"受众"

不要期望任何人文研究成果都能被很多人尤其是有一定理解能力的企业家大范围地接受。再次强调,企业家的核心能力不在体力也不在专业能力,而在于思考力带动的执行力,普通企业家与优秀企业家之间还存在感悟力的高下差别。论体力和专业素养他可能是普通的,论思考力和感悟力,杰出企业家是人中豪杰,这些人最不可能接受颠覆性理念;论执行力,企业家几乎人人是行动的"巨人"。虽然其中的大多数被理解为"资本拜物教"[1]的实质拥趸,有些企业家也是习惯性地排斥学科或者分科论证的结果;而所谓"科学",其本来就是对客观世界"分科"进行研究的学问。人文学科是融汇各种知识和技能的各学科的制高点,是人类智力和认知能力所能达到的极限;[2]企业家的出身、履历、进阶手段和创业路径千人万面,对具体事项,既没有统一观点,也不会有统一认知;除非强制

---

[1] "马克思明晰地区分了生产的物质内容与社会形式,'还原'了被'遮蔽'的'资本关系',揭示了资本的拜物教性质的秘密,彰显了资本主义生产方式的独特性和历史性质。"刘召峰:《拜物教批判理论与马克思的资本批判》,载爱学术文献库,https://www.ixueshu.com/document/981736c5a836d5 e0318947a18e7f9386.html,最后访问时间:2021 年 3 月 12 日。

[2] 参见潘光旦:《中国伶人血缘之研究,明清两代嘉兴的望族》,商务印书馆 2015 年版,第 7 页。

其接受,否则任何人文成果都不会在短期内形成群体性认知进阶。

(二)对人文成果没有统一的衡量标准

人文学科研究成果没有预期的统一目标,在于每一个人内心评判,而人心标准是多变的;人文学科研究成果都是在特定人群、特定环境、特定条件下的阶段性认知,放之四海而皆准的成果,也是基于特定环境下特定立场、特定人群的特殊需求;人文学科的验证也没有统一标准,基本没有办法进行实验,笔者在本书中的研究成果,只能让人去思考、去感悟,不能说服任何一个不愿意相信它的人去接受它,更不能达到让很多人接受的高度。

(三)对人文成果的实际成效不能祈求过高

在若干年前,本书作者曾经利用精准无比的人文逻辑规则在公益研究上前行了一步,在绑架现场解救人质的策略方面,发表过两篇文章[1],无须赘述那两篇文章如何精准地把握了一个被围困现场绑架者的心态及其理性、行为模型,在其中一篇中本书作者表达了自己的期待:这个公益成果如能在其生命周期内"救人一命"就足矣;而本书,如果能与部分企业家的认知不谋而合,或者如果有那么一些企业家,在人生艰难进阶中需要厘清某些想法,通过阅读本书实现了部分目标而因此受用受益,本研究的目标就算彻底达到了。

(四)必须有人去做

J. P. 摩根作为并购大师,他不会费心费力地去写一本并购方面的书供大家参考,据说他在去世的前几年还特意烧掉了他与父亲朱

[1] 本书作者吴西彬曾著文:《绑架现场人质解救的博弈策略》《绑架现场人质安全均衡契约论》。参见吴西彬:《绑架现场人质解救的博弈策略》,载《福建公安高等专科学校学报》2003 年第 4 期;吴西彬:《绑架现场人质安全均衡契约论》,载《福建警察学院学报》2015 年第 1 期。

尼厄斯往来英美间的全部书信。[1] 偏科也是诸多实务人的“短板”,懂法律的不一定懂管理,懂管理的不一定懂法律,鼎鼎大名的财经学者也会犯法律上的低级错误,借用的法律理念往往经不起推敲;等等。面对企业家阅读的关于中小企业创办者退出的综合性法学学术书籍尚少有面世。

笔者试图为行业进步作出一点贡献。

## 第二节 创作思路

虽说文责自负,学术无禁区,但研究有纪律,行为有边界,任何试图实现特定积极价值目标可称为学术研究的活动,必须在可允许的行为边界内根据一定的科学方法进行。本书研究企业家退出的话题,其目标读者是中国众多的中小企业创办者,这是一个立志高远、着眼未来、勇于担当、勤于思考、笃于执行,但部分人士人文基础相对薄弱、有待提升资本退出理念而又惜时如金的庞大群体,本书站在企业家的立场,从“(中小)企业家退出”这一特定角度进入,从“企业家的交易结构”开始分类阐述,先创设理念,再辅以技术支撑,循序渐进,尊重规范又易于阅读,意在感其所感,悟其所悟,达到提高共同认知进阶,提升企业家退出理念的目的。

---

〔1〕 J. P. 摩根的父亲后半生在英国主持 J. S. 摩根银行的工作,而 J. P. 摩根一开始就按照父亲的安排在美国发展,双方多通过信函方式沟通业务和想法。参见[美]罗恩·彻诺:《摩根财团》,金立群校译,江苏文艺出版社 2014 年版,第 23 页。

## 一、边界和内容

### (一)成文法规则是边界

本书尊重现行有效的法律规则但又不囿于法律规则,本书中所有基于成文法规则的判断,都已进行了充分的衡量。企业家退出是一个法律问题,企业家通过股权转让实施退出又是一个法律实践,人们几乎会从成文法文义角度、司法实践规则角度理解涉及股权出售的核心问题;但如果仅限于此,本书将与其他关于企业股权退出的学术著作无异了。本书试图在框架和文字描述上兼顾易读和严谨,在法律规则把握上尽量周全;有些企业家不理解为什么有些人总是愿意让简单问题复杂化,通俗问题学术化,本书均不存在这些弊端;为了尊重更多的读者,本书会用易读文字分解复杂学科知识,将学术问题易读化,复杂问题简单化;为了不让读者倦怠,本书不会费心去引用法律、司法解释、财务准则,无意在这些方面多费笔墨。在这个基础上,本书会尝试在无数节点触发读者的主动思考,在适度轻松的状态下逐步攻破涉及"企业家退出"的诸多关键问题。

### (二)自然法、交易习惯

中国每年企业出售的股权转让金额不止万亿元,而在法律角度,《公司法》中只有几个条款涉及有限责任公司的股权转让,这些法律条款大多数属于选择性条款,非强制适用,当事人根据自己意愿另行约定均在法律允许甚至鼓励之列。这些法律条款对企业家退出不起太大作用,属于通用的显性规则,一般文化程度者通过阅读就能理解其大意,只是他们可能不深知其意何为,不精准知道何为其意;纠纷解决案件重在探寻案件胜诉的内在逻辑,也无须沉溺于这些法律条款,对这些法律条款更精细理解,其实是法学院学生需要做的;操作企业家退出的顾问律师,需要着重研究退出中潜在的法律,这些潜在法律不由立法机关审议通过,而是由自然法、交易习惯和合同组成。例如,在一宗并购纠纷案件中,一个自然法规则击败了仲裁申请人(被收购方)的主张,他的企业被一家上市公司收购后,原总经理及核心员工离职,他认为在原管理层被撤换后,他不应再承担业绩承诺补偿责任。从自然法的角度来看,收购方不因撤换原管理层而承担不利后果,因为收购方及新任管理层没有任何动机想把标的企业的利润降低,企业利润下降对收购方更为不利。

(三)"合同是当事人之间的法律"

所谓"合同是当事人之间的法律",恐怕很多人都还没有从如下角度去理解和解说:并购合同交易双方当事人其实是"立法机关",当事人聘请的顾问律师是"立法咨询机构",合同谈判是立法机关的"一读""二读",合同签署是立法机关"三读"通过;[1]合同可以规避成文法的适用,是一个"法律自贸区";合同是"法律",只是这个法律不具备对世性,仅具备相对性,在合同交易双方当事人之间

---

〔1〕 立法机关通常经过3次以上的讨论才有可能将一个法律草案提交全体会议表决通过,俗称"三读"通过,中国的立法法规定的全国人民代表大会的法律审议表决程序,也基本上按照"三读"程序实施。《立法法》第29条规定:"列入常务委员会会议议程的法律案,一般应当经三次常务委员会会议审议后再交付表决。常务委员会会议第一次审议法律案,在全体会议上听取提案人的说明,由分组会议进行初步审议。常务委员会会议第二次审议法律案,在全体会议上听取法律委员会关于法律草案修改情况和主要问题的汇报,由分组会议进一步审议。常务委员会会议第三次审议法律案,在全体会议上听取法律委员会关于法律草案审议结果的报告,由分组会议对法律草案修改稿进行审议。常务委员会审议法律案时,根据需要,可以召开联组会议或者全体会议,对法律草案中的主要问题进行讨论。"

适用。

作为成文法国家,很多人把法律理解成成文法或者成文规则、业务实践中的习惯性做法;如果你需要司法机关确认某些合同是否无效或者可撤销,这样理解也是对的。股权转让是涉及人参与的交易,而交易促成基于人的判断,人的判断基于社会人的基本理性和个性意志,多数社会人的共同理性上升到国家立法机关的意志就是成文法律,没有上升到国家成文法的社会人的理性和个性意志则是个人的修为,个人的修为受制于社会通常习俗和显性规则;多数社会人都尊重的个人理性,则构成了所谓自然法或者习惯法,它们在并购中的作用已经超过了成文法和交易监管规则。

(四)自然法、习惯和合同

在企业家通过资本市场退出实现其财富兑现过程中,因文明发展阶段已经足以让文字规则成为牵引或者驱动所有物理世界权利实现的动能,基础规则通过法律等显性规则形式体现,在此基础上,引申出诸多不为参与人所知的自然法规则;恰恰是这些不被企业家甚至并购律师感知的自然法规则左右着价值的实现,这些自然法规则就是企业出售中的核心法律;研究者尽其所能力图通过显性可表达的方式将这些自然法规则展示出来,并试图让受众感知到、理解透,进而主动指导创业及并购退出的实践。自然法规则研究的大师,假定人是罪恶的,[1]这些最核心的而最实用的深入灵魂深处的自然法规则,是最精准把握社会人际关系的逻辑规则,往往躲藏在以“社会秩序优先原则”选择的价值取向的背后,需着力深挖,但

---

[1] 参见[德]塞缪尔·普芬道夫:《人和公民的自然法义务》,鞠成伟译,商务印书馆2010年版,第53~54页。

也需戒急谨言方能行稳致远。

研究企业家退出的时候,本书不仅总结并购交易的显性规则,这在前面和后文中被界定为并购退出行为的“边界”,而且将原创性地总结出运用于中国当下中小企业股权出售的习惯和自然法规则,这构成并购行为的核心内容;进行这方面研究,本书不仅需要运用逻辑分析法、规则分析法、企业文化分析法等,还需要深入人的理性内心和个性沿革,运用心理学、社会文化学、行为金融学、传播学等学科方法,对于毋庸置疑,可能会广泛适用的自然法规则,尝试将其总结提升为显性的、可表述的自然法规则。

## 二、关于案例分析

### (一)案例有助读者理解

本书必须通过案例说明一些问题,案例真实而具体,如果能把一个案例说清楚,也就能说清纷繁复杂的交易百态。交易相关案例是既往的交易史实,它作为应用学科领域的研究方法和在协助读者理解方面,无可替代。但是,任何案例均具备特定的交易条件、特定主体的理性和个性、社会历史背景,因此,其均不具备类似普通法领域判例法的一般性指导作用。其实,在普通法〔1〕发展历史上,先例的作用并不像中国法律人理解的那么大,衡平法律师总是从“先例适用条件不充分”〔2〕角度排斥先例的判例法地位。不仅如此,英美判例法也受到所在国成文法的冲击,那种案例即判例法的思维不科

〔1〕所谓普通法系指英美以具体分析案例内在逻辑作为裁判依据的法律体系的一种通常的中文表述方式。

〔2〕参见[英]波洛克:《普通法的精神》,杜苏译,商务印书馆2016年版,第81~83、93~97页。

学而且有害。

（二）案例保真但均被提纯、保密处理

本书所列举的案例大多属于并购退出领域或者与并购退出相关联，偶有穿插历史事件，其目的不仅在于增加易读性，触类旁通，感悟历史，适度放飞读者的思考范围，而且在于让读者感受知名案例的内在逻辑。案例都是经过事实求证的，或者来自历史定论，或者来自公开披露信息，或者是笔者亲自参与的案件。对于本书笔者亲自办理的案件，如果本书将案例准实名化，让读者能够搜寻到案例客户的名称，那是因为已经征求了案例当事人的同意；作为并购咨询方，与客户建立服务关系的先决条件不在于业务能力被认可，号称业务能力行业一流的团队如过江之鲫，最重要的是相互间的高度互信，再加上“机缘巧合”这个不确定因素。互信的首要基础就是为客户保密。任何有推广价值的案例，保密期满才能有选择地予以公开披露；尚在保密期的典型案例，不可能被披露或者被有所指向地披露，在保留核心逻辑基本真实基础上，本书案例中涉及的企业名称、行业属性、地域、案件涉及金额等指向性信息经过了保密处理，任何人都不会根据本书案例信息搜寻到真实当事人；同时，案件材料通常非常复杂，描述清楚非大篇幅不可行，必须提炼择其要，否则，读者如同雾里看花，效果肯定很差。好奇者大可以搜索期待查询其真相，可以确信：本书的案例信息披露标准，既不会对任何一方造成损害，也不会泄密，简短介绍和总结，也能还原当时的惊心动魄。

## 三、淡化法律条文

除非有必要或者无心为之，本书不会告诫读者在成文法中何者可为,何者不可为,哪怕法律或者最高人民法院的司法解释已经划定行为边界。行为边界是并购退出策略运筹的行为底线,我们假定任何并购行为都不会触及这些边界,我们重点研究边界内的核心内容。如果一个律师在执业中淡化法条,他的执业层级大概应该比较高,因为法条和规则已经融入他的"血液",成为工作的基础;如果一个律师遇事只是按图索骥找寻成文法依据,这个律师肯定在执业初期,上升空间巨大。法律规则和条文阐释,是大法官和诉讼律师做的事情,他们通过提示裁判理念和把控要点,让初级法官和律师初级执业者理解透司法裁判逻辑,与本书面对的读者群体不一样。如果任何法律、财经、投资银行专业学生或者这些领域的专业工作者在本书中发现了价值,也是值得庆幸的。

## 四、目标读者

最后,确定一下本书所探讨的"企业家并购退出"涉及企业的大致范围:除本书专章讨论的房地产项目公司外,这些企业成立3年以上且有持续经营预期,这基本确认了企业已经度过了"自然淘汰期";企业现在或者预期3年内营业收入人民币千万元到亿元,预期净利润数百万元至数千万元之间,具备并购退出的可能;企业并购退出的交易金额大致在1亿元至10亿元,在这一规模范围内的并购退出,企业家及其团队对并购退出的专业服务有刚性需求;企业被一个或者若干个自然人股东直接或者间接控制,这种股权结构能让企业家的创新精神萦绕在企业发展始终;企业经营范围大概在生产或者服务领域(不包括持牌金融、证券、法律和审计咨询等专业服务),提供一个或者若干个商品或者服务;企业所在行业具备发展空间,存在或者预计将出现激烈竞争,这足以让企业家流连忘返,又压力重重。

在A股上市的大多数企业,属于本书中界定的“大而强”或者“小而强”的企业类型,不是本书论题涉及的典型企业。这些企业有可能被更大更强的企业收购,与“小而弱”的标的企业被收购的策略不同。已经上市的中小企业,其股东已经成功进入了退出通道,而本书并购退出的典型场景是企业家尚未进入退出通道。

# 第一章

# 企业家退出的基础知识

企业家整合资金和劳动资源，是未来不确定性收益的攫取者，其权利具有劣后性。用未来收益法、历史成本法和市场法评估非上市企业股权，均具有局限性。中国私募股权市场习惯性采用市盈率倍数来评价股值。当企业内部交易成本高于外部交易成本时，企业扩张停滞，再次扩张将出现亏损；企业管理层级使信息传达效率降低，层级再次扩张，企业效率降低甚至无效。企业家应谨慎扩大企业规模，减少管理层级，虽不必事事躬亲，但一定不能远离企业的管理。

# 第一节　企业家的权利定位

## 一、“资本”的实质内涵——企业家的能力

企业家有其独特的定位，与其他社会人群存在明显的界限。企业家以创新思维和创业行动谋取个人发展，他们是企业不确定性收益的索取者。管理学大师德鲁克将创新与企业家精神作为同一个问题探讨，认为美国就是一个典型的企业家社会，这个社会以企业家为本。[1] 与企业家能力相关的“资本”一词，各路研究学派对其的定义不一而足。法国著名年鉴学派大师费尔南·布罗代尔在其《十五至十八世纪的物质文明、经济和资本主义》鸿篇巨制中试图尝试把“资本”一词厘清，其效果最终可以说是混乱不堪，其实他什么都没有说清楚。[2]

总体来说，“资本”的实质内涵与“货币”不相等。也就是说，资本家不是有钱人的代名词，典型的资本家如 J. P. 摩根并不是对货币资本直接拥有所有权的人，而是能够调动货币资本的人，从这个角度来讲，“资本”包含了“头脑”“能力”“思考力”“创新力”等内涵；J. P. 摩根这类资本家拥有的“资本”与企业家拥有的“资本”类似，它是一种独特的创新思考能力和执行力，准确地说，J. P. 摩根是金融资本家，而普通非金融行业的企业家是产业资本家。

---

〔1〕 参见［美］彼得·德鲁克：《创新与企业家精神》，蔡文燕译，机械工业出版社 2007 年版，第 219~230 页。

〔2〕 参见［法］费尔南·布罗代尔：《十五至十八世纪的物质文明、经济和资本主义》（第 2 卷），顾良、施康强译，商务印书馆 2017 年版，代译序第 263~266 页。

拥有货币资金的人以股权投资方式投资上升期的企业股权，相对企业家来说相同的股权总是需承担更高的投资成本，企业家与财务投资人对同一家公司股权投资成本的静态差额部分，其实就是企业家的当期价值所在，也就是所谓的“资本”的实质价值。这与中国《公司法》法律概念上的“资本”既不相同又有关联，公司法中的“（注册）资本”是指企业股东认缴的出资数额，它仅说明了（注册）资本的外观；但是，有些经营效果好被投资人看重的企业，其原始注册资本数额与其股权实际交易价格差距巨大，例如，巴菲特控制的伯克希尔哈撒韦公司每股价格达到数十万美元，股票面值（通常是1元或者0.1元）与股票市场交易价格之间的差额，就是企业家能力（资本）的价值，这是资本的实质内涵。

## 二、企业家的权利定位——责任的有限性

“双创”在西方企业发展历史上并不是新鲜词，在公司制度发轫之初，为营造“双创”的社会氛围，鼓励企业家创新创业精神，作为典型的企业组织形式，公司制可谓是推动现代西方经济发展的制度基石和最重要的制度创新，其作用超过了其他一切发明创造。在公司制度创立和演变初期，还曾经出现过让股东承担无限责任的公司制度形式，无限责任公司在后来的制度竞争中落败，时至今日，无限责任公司已经被大多数国家抛弃。到了资本主义兴盛时期，按各国通例，公司制（典型形式就是股份公司）的核心内容就是公司股东（企业家就是公司核心股东，下同）对公司债务不承担连带责任，不论公司股本大小、多寡。

## 三、企业家的权利定位——剩余利润索取权

(一)剩余利润索取权

同时,作为企业家创业工具,公司以固定薪酬雇用员工,借入资金并支付固定利息,向征税人(在欧洲现代转型历史上长期有效的税制是包税人制度)缴纳固定比例或者额度的税金,企业收入的剩余部分企业家有权分配,企业家这个权利可以统一界定为公司"剩余利润索取权"。

(二)有权控制公司

作为回报,公司其他参与人(员工、债权人)承认企业家对公司拥有完全绝对的控制权,即股东能够不经由债权人、员工而独自控制公司。

(三)权利的劣后性

为了监控企业家规范性行使公司控制权,一旦公司清算时,按照各国通例,在公司清偿所有债务之后,企业家(作为股东)才能获得剩余财产分配。为了落实企业家的剩余财产分配权,或者说为了保护债权人的优先分配权,各现代国家,无论是普通法国家还是成文法国家均以清晰可辨的文字(在普通法国家这些文字被称为业务指导意见或者类似说辞,都毫无例外地起到与成文法国家《破产法》同样效果)设定了破产管理人制度;在破产清算期间,公司作为清算法人,其日常管理权归属于破产管理人,清算中公司的重大问题最终决策控制权归属于债权人会议;企业家在破产清算程序中也是一个(准)债权人,但他仅仅作为一个剩余财产请求权人存在,并且在债权人会议中没有普通投票权。在这里,企业家成了最劣后债权人后面的债权人,其权利位次排在最后,次于破产费用、员工工资、有

担保债权人、税务机关、无担保债权人、所有次级债权人。如果企业不能全部清偿债务，企业家剩余财产分配额度为零，除非企业家作为股东还存在已认缴未实缴的出资因破产清算加速到期，否则，企业家对公司破产财产无法清偿的债权无须再承担额外清偿责任。

## 四、企业家的权利定位——剩余利润索取权的不确定性

### (一)"风险"与"不确定性"

在20世纪20年代，近百年来最伟大的经济学家之一奈特在其划时代巨著《风险、不确定性与利润》[1]中已经很清晰地将风险与不确定性进行了区分。他将人对未来的判断分为三类：

一是先验。人没有体验就预估未来，这个预估也基本上无法被重复提取数据验证，类似于宗教宣言等应归于此类；耶稣预言人类末日会到来，短则数月，长则数年，在其被钉死在十字架前未能兑现，在其被钉死在十字架后两千年也未能兑现，基督徒也不知道末日何时到来，这就是典型的先验。

二是基于概率的预估。根据既往大数据概率分析进行判断，保险行业就是根据可能发生事故的概率数据来设定保险费率的。例如，谁也无法判断某一个特定房屋何时失火，但可以计算出特定区域房屋失火的概率。

三是依据认知能力和经验的估计和预判。这个估计有成功的可能性，但具备一定的不确定性，没有过往数据支撑其概率；企业家面对的不确定性收益就是依据企业家的认知能力和经验对未来作

[1] 参见[美]弗兰克·H.奈特：《风险、不确定性与利润》，安佳译，商务印书馆2010年版，第189~223页。

出的估计和判断。

奈特认为,企业家面对的企业经营预期收益不是风险,风险是悲观预期倾向,预估某一个不好的事情发生概率有多大,从概率角度来说,风险发生的概率是大致确定的,奈特将风险定义为能够被测量的不确定性;企业家面对的不是风险,而是不确定性,不确定性是美好预期,判断未来某一个好的事情应该能够实现,但是,企业家面对的不确定性无法通过概率测量。

有人认为可以统计出企业创业成功的概率,很多私募或者风险投资机构的合伙人就是这样想的,他们通过概率测算被投资企业的成功率。但是,这个概率统计并不现实,风投机构"投十中一"的思路类似于《黑天鹅》作者塔勒布所说的"随机漫步的傻瓜"理论,风险投资机构有些投资能够成功是属于"不放弃可能存在的潜在机遇",〔1〕任何具备基础商业知识的人,在风险投资领域都有大致相同的概率,这个概率是隐性存在的,不能被计算出来。

(二)企业家视角下——企业成功与否的标准

管理学上判断一个企业是否成功的标准与世俗上理解的企业成功标准是不一样的。在管理学上判断企业是否成功的标准是"产品或者服务是否已被市场接受",管理学标准的"企业成功"是企业初创期的判断标准,部分人理解的"企业成功"基本上是"货币拜物教"的标准,〔2〕也就是以企业及老板是否赚大钱为标准。

---

〔1〕 参见[美]纳西姆·尼古拉斯·塔勒布:《随机漫步的傻瓜》,盛逢时译,中信出版社 2012 年版,第 126~132 页。

〔2〕 "货币拜物教系指人把自身的力量归结为货币固有的魔力。拜金主义是货币拜物教的通俗表述。"参见 MBA 智库百科"货币拜物教"词条,载 MBA 智库网,https://wiki.mbalib.com/wiki/拜金主义,最后访问时间:2021 年 3 月 14 日。

还有些人认为,企业有很高利润就算成功,但是,企业一年亏损额度超过历史全部利润数倍的案子到处可见。有些人认为企业上市就算彻底成功了,但是,现在和将来,因重大违法或者资不抵债等各类原因而退市破产的上市公司将十分常见,算成功吗;更重要的是,奈特所说的不确定性并不是指企业是否盈利,而是企业家是否最终获得收益;某些企业家成功了,并不意味着其他的企业家也能成功,每一个人基于先天遗传和后天勤奋度积累的认知能力和判断能力千差万别,任何企业成功的概率数据不意味着其他企业也有可能成功;用世俗标准理解的企业是否成功也不足以判断企业家是否成功,必须回归本源,企业家成功才是真正成功,如果一个企业家成功退出,从产业创业者、产业资本的不确定收益拥有者成功转换成金融资本拥有者,离开深海回归“夏季地中海岸边”或者“内湖”“陆地”,企业家此轮创业才可以界定为成功。

(三)对不确定性的补偿机制

投资的预期收益,在金融货币学上总是以承担的风险程度获得预期风险报酬补偿的,风险报酬补偿的外在表现就是利率。[1] 风险高,资金方要求的预期收益率高;风险低,资金方要求的预期收益率低。虽然奈特精准地分清了风险与不确定性,但是这两个概念在

---

〔1〕 贷款市场报价利率(LPR)实质将贷款利率分为无风险利率及风险补偿利率,风险补偿利率根据借款人信用级别、贷款期限、权利位次等确定。LPR 其定义是“由具有代表性的报价行,根据本行对最优质客户的贷款利率,以公开市场操作利率(主要指中期借贷便利利率)加点形成的方式报价,由中国人民银行授权全国银行间同业拆借中心计算并公布的基础性的贷款参考利率,各金融机构应主要参考 LPR 进行贷款定价”。参见百度百科“贷款市场报价利率”词条,载百度百科网,https://baike.baidu.com/item/贷款市场报价利率/23704794? fr=aladdin,最后访问时间:2021 年 3 月 14 日。

某些场合也是通用的。例如,从乐观角度看风险,如果风险没有发生,提供风险补偿的一方就获得了利润,保险公司就是这样期待的;从悲观的角度来看,因为不确定性也预示可能有一定比例失败,就与风险无异了。

所以,企业股东的不确定性收益预期,存在一定风险,社会机制的设定倾向于给予股东比债权人更多的风险报酬补偿,长期来看,股权投资的预期收益总是高于债权投资;或者说,无论股权收益是否真的高于债权利息,为了鼓励创业投资,在资本市场活跃的国家,总是以降低借贷的利息收入(降低利率)鼓励创业家、资本家将资金投入企业股权获得风险报酬收入的;如果资本家或者企业家的收入过高(如股市疯狂,股价高企),已经引发了通货膨胀或者存在通货膨胀风险,它就会做反向操作,提高利率。

## 五、企业家的权利定位——企业家与国有企业负责人的区别

为了更进一步找准企业家的定位,需要区分一下国有企业负责人与企业家的区别。

### (一)成功的国有企业领导人具备企业家精神

国有企业负责人总体来说获得的是固定报酬。每一个人都可以将自己定位为企业家,更准确地说优秀的国企领导人具备了企业家的创新精神,把国有企业做大做强,同时获得了职业荣耀。企业家利用企业这一组织形式,以固定收益向所有资源方,包括员工(含管理层)、资金提供方支付固定报酬,自己面对不确定性剩余收益,享有剩余财产请求权,获得预期最大回报,承担企业失败后的最大风险;如果没有亲自投入,不享受企业的最大回报,不承担企业失败后的最大风险,就不能称为企业家。不拥有企业股权的国企员

工,靠职务提升成为国企领导人,靠创新创业精神将企业发展壮大,自己获得股权激励,兑现高额的报酬,名利双收,职务荣耀和股权激励是对其耐性和创新能力的奖赏。但是,他们不是企业家,他们是成功的职业经理人,是具备企业家创新精神的成功者;他们具备创新精神,从终局结果看其收益也以不确定性收益为主,股权激励收入远高于工资收入,在 2020 年之后部分地方国企已经实质性地突破了国企职业经理人的股权激励收入占总收入比例不超过 30%~50%的监管限制。[1]

### (二)国有企业负责人没有剩余收益获得权

但是,这些人与企业家最大区别是他们没有像企业家那样承受相同相对量级的创业失败的风险。他们在被股权激励之前仍然是固定报酬获得者,不是剩余收益获取者;股权激励的属性仍然是工作报酬,其成本按照税法在其所任职的企业缴纳所得税前作为管理费用扣除;他们的权利位次在其主要属性认定上仍然是靠先的债权,不是最劣后的股权。

---

〔1〕 参见国务院国有资产监督管理委员会(以下简称国资委)、财政部于 2008 年 10 月 21 日发布的《关于规范国有控股上市公司实施股权激励制度有关问题的通知》中第 3 条第 2 款规定:"……即在行权有效期内,激励对象股权激励收益占本期股票期权(或股票增值权)授予时薪酬总水平(含股权激励收益,下同)的最高比重,境内上市公司及境外 H 股公司原则上不得超过 40%,境外红筹股公司原则上不得超过 50%。股权激励实际收益超出上述比重的,尚未行权的股票期权(或股票增值权)不再行使或将行权收益上交公司。"然而国资委于 2020 年 4 月 23 日印发的《中央企业控股上市公司实施股权激励工作指引》第 34 条第 1 款规定:"董事、高级管理人员的权益授予价值,根据业绩目标确定情况,不高于授予时薪酬总水平的 40%。"第 36 条规定:"股权激励对象实际获得的收益,属于投资性收益,不再设置调控上限。"

（三）国有企业负责人与企业家的目标不一样

很难确定国企领导人自己理解和期待的真正利益在哪个环节，是在职务荣耀，亦即指传统文化理解的社会地位，还是职务消费，这构成实质性报酬。但无论如何，他们初始选择国企任职的动因却肯定不是在税后利润索取环节，而在职务荣耀或者报酬（包括在职消费），或者两者兼而有之；其利益与股东（实际控制人是国家或者地方政府）利益并不完全同向和同步；国企员工的利益与股东正好相反，压缩报酬和倡导廉洁职务消费惩治腐败的结果，肯定会增加股东利润或者减少亏损，同理，非必要的或者无限制的管理层固定报酬和无节制的管理层职务消费，必将减损股东利润；股权激励也增加了企业的支出，减少了存量股东的收益。所以，在股权激励不到位的国有企业，国企监管工作压力较大。

（四）层级制与国有企业负责人创新的局限性

从积极角度来说，趋利避害乃人之常情，任何一个人包括企业家、国有企业负责人都应具备基本的理性，只是他的眼光可能更远大，将自己的利益与所在企业的利益捆绑在一起。一个朝气蓬勃复兴中的古老大国需要大批企业家，同时也需要具备企业家创新精神的国企领导人群体；国有企业负责人如能获得与其贡献匹配的收入在个人财务上取得成功，这是一个不同风险偏好同等能力群体的殊途同归；但是，国有企业负责人是层级制中的胜者，他们要在层级问责制因注重免责而守成有余创新不足，进而形成一个一个的突破。

（五）优秀的企业家对企业来说具有不可替代性

如果评选全球最具创新代表性的企业家，可能很多人会毫不犹豫把选票投给马斯克，很多人感觉好像是一群精英把特斯拉市值做到了全球汽车行业第一，成功商飞如太空科幻大片中一样的载人航天器,从充分条件角度来看这似乎是正确的。但是如果没有马斯克,肯定就不会有今天的特斯拉、Space-X,马斯克本人才是特斯拉成功的唯一必要性因素,其他所谓的充分条件都是马斯克作为一个企业家整合过来的,从每一个被整合的单一资源来看,都是可以替代的;马斯克对特斯拉来说是唯一不可替代的。

## 六、中国变异的债类资金市场对企业家创新的冲击

为了说明中国中小企业创办者在债类资金市场的不利地位,有必要先普及一下货币资金和债类市场常识。

(一)在主流的资本市场国家,债类资金市场是买方市场

在任何时代的任何国家和地区,假定资金对于需求方来说都是短缺的,其实也是如此。这是因为控制能力最弱的那个国家的货币政策制定者也理解其原始发钞金额会因货币自然流动和人为驱动而成倍数扩大,因此,考虑到避免通货膨胀因素,任何负责任的一国货币监管机构发行原始货币总是数倍乃至几十倍少于实际资金需求。

企业无外乎通过股类或者债类两种渠道融资,其中,债类资金市场竞争的逻辑在于,任何一个资金直接或者间接的供应方(银行或者非银行金融机构)都在试图寻找那些能够收益最大而同时风险最低的资金使用者,当它找到这个资金安全地带后,它总是以其能够接受的最低利率(资金价格)与其他机构竞争获得资金购买者的订单;任何一个高信用资金使用者都可在遍地开花的各类金融机构中寻找到更便宜的资金;债类市场在主流的资本市场国家是买方市场,其标志是资金供应方压价竞争最优质客户,是以卖方能够接受的最低价(利率)成交;债类资金市场竞争的结果,是数百年来主流

的资本市场国家的借贷名义利率足够低(长期零利率或者实质性负利率)。同时,如果市场自我调节的利率达不到更低预期,该国货币政策制定者总是想办法提供更低利率的资金压低社会融资成本;在当今西方各主流资本市场国家,被央行引导的借贷名义利率已经为0或者接近于0,这就是竞争和货币政策引导的结果。在利率为0的国家,创业者获得资金的难度很低,资产价格居高不下,资金利率没有最低,只有更低。

(二)中国债类资金的变异

现实并不美好,债类资金充分竞争的格局在中国中小企业借贷领域并未出现。在中国,资金利率传统上缺乏市场竞争,大型商业银行在金融牌照和非市场利率传统制度保护下,纷纷成了超级银行;因债类资金"嫌贫爱富"的天然习性,银行单向选择借款人的结果是中国的债类资金市场并没有完全放开,社会债务融资成本高居不下。即便中国现在完全开放银行金融牌照,这些大银行、大机构的传统竞争优势也不会在短期内丧失,反而因资金规模把优势拉大。习惯上,银行或者非银行金融机构作为贷款人希望提供给企业的借款由其大股东担保,融资能力弱的中小企业大股东无法拒绝,不得不在无限连带责任的《保证合同》上签字画押,押上了自己的未来。

(三)变异的债类资金市场对创新创业的冲击

经济结构转型升级过程中,企业破产出清不足为奇,成为常态;企业家作为企业借款的连带责任保证人也成了债务人,很多企业家上了"老赖"名单——失信被执行人黑名单;企业破产后,本来可以东山再起的企业家再次创业路径被事实上掐断,公司有限责任创新制度事实上被借款担保合约废止;在消除了企业家失败后再次创业可能的同时,增加了企业家创业风险的社会认知和风险预期,企业家的不确定性收益索取权在企业失败后变成了现实损失;更大损失预示着更大风险,企业家创业需要更高风险利率补偿,创业成本被拉高;那些拥有固定岗位和固定收入的人,包括那些本来有可能成为企业家的人也在退缩不前了。

## 第二节　股权定价的原理

企业家的权利集中体现在拥有经营主体的权益,这些权益具体表现为企业的股权、合伙企业的合伙份额等形式,均可以习惯性地称为股权类资产。在中国法律中,实物资产所有权和特定权利的转让行为,都定位为物权或者其他权利转让的“原因”,这些“原因”性质的交易独立存在,如对于涉及不动产物权的交易,不动产物权存在瑕疵,根据不动产物权法定的原则,该交易可能不会产生不动产物权变动的法律后果,但是,“原因”性质的交易仍然有效,交易双方当事人可以根据交易合同的约定追究违约方的违约赔偿责任。

企业家权益一般表现为经营主体中的多数股权,可以理解为占比高于半数或者其他比例的控股股权。如果把多数股权理解为是对标企业控制,则并购标的必须是多数股权。但是,随着对财务准则理解的逐步普及,多数人已经明白了多数股权不一定控股;少数股权或者少数股东(一般将较低比例股权说成少数股权,将持有较低比例股权的人称为少数股东),也可以形成对标的企业的控制。少数股东对标的企业的控制,不一定表现在对所有重大问题的控制,也可能仅是对专项事务的控制,如私募股权机构持股比例虽然很低,也可以通过投资协议实现对标的企业资本退出战略的控制。为了方便表述,我们将少数股权收购一并考虑,不再细分它是否属于传统控股性并购。

另外,对于联合创业的企业家来说,其股权比例有多寡,企业家出售股权肯定也包括少数股权;从并购咨询行业竞争战略层面,很少把服务界定为仅为控制权出售提供服务,而忽视或者放弃提供非控制权并购退出的咨询。所谓并购退出咨询,对律师来说,属于非诉讼业务一种,相对于并购咨询来说,类似于刑事辩护与诉讼业务之关系。并购退出咨询律师在聚焦化竞争战略定位中,已经足够细分和差异化,没有必要再细分成控制性并购退出和非控制性并购退出咨询;对估值很高的企业,哪怕几个百分点股权出售,动用资金量也达到数亿元乃至数十亿元,尤其是中小型企业拟上市之前的股权并购,中介机构参与具备必要性。在实践中,并购咨询行业也没有任何动力将非控股性并购放在并购之外考虑。并购咨询行业的习惯,导致少数股东权益的并购退出,同样被界定为并购属性,与控制性并购无异。

本节关于股权定价的场景,包括上述所有情况,也就是包括控股权、非控股股权转让等各类情况。

## 一、三种评估方法的局限性

### (一)未来收益法的局限性

按股权类资产计价原理,通常来看,公司股价或者股票的内在价值是公司未来收益的现值,现值是对未来一定额度的货币或资产通过特定折现率计算出的当期数值。

企业家的未来收益具备不确定性,无法进行测量,如果能够被测量，意味着不确定性已经确定化，这显然是不可能的。评估机构依据未来收益法对公司未来收益的测量，必须建立在一定假设且该假设不发生变化或者变化不足以改变评估假设的基础上，除非标的企业是一家大型国有企业，假定其竞争优势永续存在，国家政策法律环境不发生足以影响其竞争力的变化，它的竞争战略和执行能力不发生变化，竞争对手永续羸弱，除此之外，没有哪一家中小企业，尤其是竞争能力较弱的中小企业的未来收益能够被准确地计算出来。

（二）历史成本法的局限性

公司账面资产是其历史投资成本的记录，除了现金类资产外，其他资产仅仅反映其历史投资额度，无法准确地说明该历史投资额度与企业股权现在的实际价格之间必然存在内在的关联。即便是账面资产以现金或类现金为表现形式且企业没有任何负债，企业的估值也无法被准确地测算，很多金融企业的股票价值的市净率低于1倍，[1]说明净资产甚至现金类净资产也与企业估值不具备直接的对应关系。有一家香港主板上市的中小企业，每年都有利润且持续增长，企业库存现金和银行存款超过10亿港元，几乎没有有息负债，资产负债率低于10%，按照公开信息来看，这家企业几乎没有不可控的风险，这家企业的估值竟然不到5亿港元，每日交易量只有几万最高不超过几十万港元。由此可见，企业账面资产与企业的估值之间并无实质关联。

（三）市场法的局限性

每一家企业的未来都千差万别，企业家整合资源的能力也不一

[1] 市净率是评价股票价格的一种方法，是指股票价格与每股净资产的比例关系。

样,被收购后能否持续盈利也是未知;同一家企业不同时期股权的交易价格反映了具体交易时点的市场行情和参与交易方的判断能力,因此,同类其他企业的股权市场交易价格或者同一家企业不同时期的股权市场交易价格,均不足以成为企业估值的参考。

上面所说的三种估值方法,其中第一种方法就是未来收益法;第二种估值方法是以账面记录为基础的历史成本法,又称为账面基础法;第三种估值方法是通过比较其他类似企业或者企业自己的股权历史交易价格的"市场法"。单纯从股权评估计价角度,这些评估方法都存在一定问题。

## 二、标准化股权资产和非标股权的定价

企业家出售其持有的企业权益类资产,根据其流动性和法律标准化程度,分为非标资产和标准资产。

### (一)标准化股权

标准化股权资产是被证券化了的资产,公开资本市场具备充分发现价格的功能,尤其是中国 A 股主板、中小板、创业板、科创板的优质上市公司股权,当前流动性大多不错,基本可以认为是已经被标准化了的资产。公开市场的价格发现机制基本可以信赖,在相关交易规则允许范围内,对已经上市企业股权的计价,可以参照本企业特定期间市场交易价格标准。

### (二)非标股权及其收购估值习惯

非标股权类资产的估值方法,都具备主观性、非充分性。上市公司收购非上市企业股权时,根据双方对收购交易价格的意愿,商定一个价格区间,由交易双方委托评估机构根据两种以上的估值方法评估对比,而其中一种估值方法就是未来收益法或者市场法,另

一种则是成本法又称为账面基础法,从两个评估方法得出的结论中选定一个评估价作为交易价格的参考。

"实质性协商的交易价格在先,委托评估机构评估的股价在后",这可以认为是中国公开资本市场收购非上市企业股权的一个秘而不宣的交易习惯,该交易习惯随后以交易合同书的方式锁定。委托有资质的评估机构出具标的企业股价的评估报告,是为了满足监管规则的要求。

## 三、收购股价的调整机制

上市公司收购非上市企业股权中,如交易对手方不是关联方,标的企业股权的定价还有另一个交易习惯:"商定收购交易价格后,交易双方还约定一个股权转让价格的动态调整机制",也就是"业绩承诺补偿"机制。除非被收购方也就是股权出售方强势,不愿意提供业绩承诺补偿。

### (一)收购属于买方市场,交易中多存在股价调整机制

中国证券监管规则要求关联方之间上市公司收购非上市企业股权必须实施业绩承诺,而它们业绩承诺的意愿并不强烈,大多数关联方之间的交易实质上没有业绩承诺;监管规则不强制要求非关联方之间股权交易实施业绩承诺,非关联方之间交易市场习惯上大多采取业绩承诺。由此来看,中国公开市场上市公司收购非上市企业股权,绝大多数属于收购方强势,不提供业绩承诺不收购;极少数情况下,被收购方处于强势。

这符合市场交易的传统逻辑。亚当·斯密早在1776年就曾断言,任何交易,没有特殊情况影响的话,都是出售方劣势而购买

方强势;[1]消费者是上帝,多数人无不是在商品和服务的质量与价格匹配关系上千思万理,货比多家,踯躅多时。那些奢侈品,无论多么高的格调,都只是其营销手段而已,无人问津自会自降身价,无论商品还是服务,概莫能外。在交易环节中,先出价者肯定是输了,因为这给了对方还价的机会。对于卖方来说,接受了自己能够承受的最低价,就是买方市场;对于买方来说,接受了自己能够承受的最高价,就是卖方市场。

(二)少数情况下,属于股权出售方强势

作为价格调整机制的所谓“业绩承诺补偿”条款如果写入《股权转让协议》,就是股权收购方存在交易优势,《股权转让协议》约定了不附加任何条件的股权转让绝对价格,大概率就是股权转让方存在交易优势。在被收购方占优势的收购案件中,如采取业绩补偿,也是转让方愿意给出的优惠或者是转让方比较自信;在转让方存在优势的交易中,如存在业绩承诺,通常也是柔性不加杠杆的业绩补偿,在所承诺的业绩不达标情况下,不按照股权交易对价的计价逻辑进行杠杆性补偿。

(三)公开市场收购中,多数股价调整机制具备杠杆

在上市公司收购非上市公司股权中,通常的业绩承诺期是 3 年或者 3 年以上,中国资本市场上市公司收购非上市企业股权定价的中位区间通常是对业绩承诺期净利润总额度的 3~6 倍,对应的交易估值标准是业绩承诺期平均净利润的 9~18 倍。所谓业绩承诺的杠杆性补偿,就是按照未完成净利润绝对值对应的股权交易价格进行

[1] 参见[英]亚当·斯密:《国富论》,郭大力、王亚南译,商务印书馆 2015 年版,第 56 页。

补偿,而股权交易价格是加了杠杆的。因此,按照净利润对应的股权交易价格补偿,意味着是按照未完成净利润绝对值额度的3~6倍补偿。

## 四、非标股权资产的分级、级别转化及其定价逻辑

### (一)股权资产级别不同,价格差异巨大

中国市场非上市的股权类资产价格根据其法律状态,其价格差异巨大。这里面包含了对“发现价格”成本的补偿;对某项资产“看走眼”的结果有可能是损失全部投资;某项资产,其“发现价格”的成本越低,资产价格越高;“发现价格”的成本越高,资产价格越低;市场假定上市公司的公开信息披露准确及时完整。因此,同等素质的企业中,上市企业的股权价格是最高的;信息搜寻的成本与股权价格之间存在反比关系;而律师或者会计师向并购退出方提供的专业意见,有效地降低了收购方“发现价格”的成本,为股权出售方提供了价值。

### (二)非标股权的分级

业务实践中,可以将非上市的股权类资产分为不良资产、杂类资产和普通非标资产。

不良资产的处置原则上不属于并购范畴,另有行规。不良资产行业的操作逻辑就是将不良资产的法律状态尽量明确,以期待其资产升级,价格上升。鉴于股权类资产的劣后性,股权类不良资产多数情况已经一文不值,处于破产临界边缘的企业股权,引不起并购冲动。

### (三)地产不良股权类资产的升级

但是,涉及地产项目的不良股权类资产,有些可以被升级界定

为杂类或者普通非标资产。如果传统工厂所占工业地块可能被规划为商住用地,其价值将增值数倍以上;在广东等部分省份,对土地收储之前的原土地使用权人的补偿方式极具弹性,有些补偿额度甚至可以达到土地被收储变性后出让摘牌价格的70%。

工厂地块从工业用地向商住用地变性的过程,就是资产的法律品级"从零到一"的提升演变过程;从购买方的角度来看,零类资产几乎一文不值,多少补偿也不足以覆盖其风险。随着资产的法律品级提升,风险逐步被识别被释放,其工厂股权价格逐步上升。能够被定位为土地一类资产的,在中国就是依法完成土地公开出让的国有或者集体建设用地使用权,其项目公司股权作为非标资产可以依法合规转让,其价格已经被充分发现。

(四)非标股权资产的升级

其他不涉及土地类资产的非上市股权,其演变过程也是一样的。非上市股权在创业期,可以定位为接近"零"的低品位资产,随着经营成果被逐步证明、经营规模逐步扩大,具备盈利预期或者盈利,其估值会逐步上升,最终上升到非标股权类的一类资产。私募股权投资机构投资的非上市企业PRE-IPO股权投资,[1]被大型企业或者上市公司以未来收益法收购的中小企业股权,大多属此类资产。

## 五、一种重要的估值评价方法——净利润倍数

在没有盈利预期或者资本市场退出预期的情况下,即便以账面资产作为计价基础,除非是以矿业或者土地等资源作为动因的并

---

[1] PRE-IPO股权投资系指企业首次公开发行并上市之前的股权投资。

购,通常无法形成并购动机。因此,非上市企业股权的并购价格,一般与利润挂钩,采取未来收益法估值。我们知道,企业的未来收益存在不确定性,未来收益法评估企业股权价值受制于标的企业竞争战略、特定市场环境、竞争格局在未来不发生变化或者发生变化不足以引起企业竞争能力降低的假设,以不变逻辑应对未来不确定的竞争市场,其估值结果存在诸多质疑。

### (一)净利润倍数成为通俗的估值评价方法

一家培训机构在收购学校时候,给予标的学校根据其招生规模、收费额度、模拟真实成本费用应发生额重置测算的税后利润乘以 8 倍左右的估值水平。这个简单粗暴的净利润倍数计价模式,是中国并购市场估值习惯使用的一种评价方法。

这个估值评价方法可以做这样的描述:用一项股权类资产的收购价格与特定年份或者数年(净)利润平均值的比率(倍数)来评价收购价格的估值高低和风险大小;净利润倍数的估值评价方法是对企业家经营能力的评价指数。

上述股价与净利润的倍数关系习惯上叫“市盈率(PE)”,市盈率的反向数据是年化收益率,例如,8 倍市盈率对应的预期年化收益率是 12.5%(不计折现率),而 10 倍市盈率对应的预期年化收益率是 10%。

### (二)利率与资产价格的关系

预期年化收益率对股权价格的影响是决定性的。

古典经济学奠基人亚当·斯密在其传世之作《国富论》中很直观地实证说明了利率与资产价格之间的关系,在借款利率为 10%的情况下,土地售价仅相当于其地租的 10~12 倍,也即土地价格的静态收益倍数为 10~12 倍。当利率为 6%、5%、4%情况下,土地售价则相当于其地租的 20～30 倍。[1] 在利率变化情况下，地租绝对值不变而土地估值的收益倍数标准或者说土地价格发生了奇妙变化。也就是说，是利率改变了资产的估值水平，是利率改变了资产的价格。同时期（18 世纪中后期），其利率相对高于英国的国家，如法国，其资产价格无一例外低于英国。其原因在于，持有货币资金的人，在利率上升的时候，会将资金用于借贷而不是购入资产；而利率降低时，持有资金的人愿意以大概接近利息收入的标准购入资产。

通货膨胀和资产价格下降是美联储历任主席任期内需要解决的两大风险，为了应对通货膨胀，1981 年夏天，美联储主席沃尔克竟把利率提高到接近 20%；格林斯潘在美联储执政长达 20 多年，服务了里根、布什、克林顿和小布什等 4 位 6 届总统，为了应对"9·11"事件和"次贷危机"对股价和资产价格下降带来的冲击，他直接将利率降低到 1%以下。[2] 在新冠肺炎疫情期间，美联储竟然将利率降低到接近 0%水准。2020 年的新冠肺炎疫情导致美国经济一片萧条，预计 GDP 下降 3.5%，是自 1946 年以来最大比例萎缩，但是，美股价格却屡创历史新高。

（三）在公开市场，净利润倍数反映股权类资产的受追捧程度

股价的净利润倍数关系也就是市盈率反映的是投资方或者收购方对资产的追捧程度。公开市场具备充分价格发现功能，一家上市公司估值倍数高，说明市场对该公司预期好；一家上市公司估值

---

[1] 参见[英]亚当·斯密：《国富论》，郭大力、王亚南译，商务印书馆 2015 年版，第 339 页。

[2] 参见[美]塞巴斯蒂安·马拉比：《格林斯潘传》，巴曙松、陈剑、张悦等译，浙江人民出版社 2019 年版，第 543～562 页；[美]本·伯南克：《金融的本质》，巴曙松、陈剑译，中信出版社 2017 年版，第 62、125 页。

倍数低,并不意味着这家公司具备投资价值,而是说明资本市场不看好这家公司的未来。

(四)在非公开市场,净利润估值倍数体现并购能力的强弱

非公开私募市场并不具备充分价格发现功能,其交易价格主要根据双方对估值的理解能力、投资方或者收购方是否强势、谈判沟通能力等获得。非上市企业股权的估值倍数,无论这个估值倍数是常用的净利润倍数(PE)、不常用的净资产倍数(PB),还是销售收入的倍数(PS),作为收购价格的估值评价方法,对一项优质的非上市股权类资产,其收购价格相对于净利润的倍数低,就意味着收购方强势,收购后增值空间大;相反,收购价格相对于净利润的倍数高,则说明被收购方或者被投资方强势,高估值倍数让收购方透支了未来,收购后增值空间被严重压缩。

(五)在中国私募市场,标的企业股价畸高

相信任何一个投资机构总是苦恼于在审核某项私募股权投资时,标的企业股价的估值倍数的居高不下,总是对某个投资项目高达25倍以上静态PE〔1〕的私募股权投资估值水准暗自摇头。在当下中国私募投资高估值时代因投资价格高而裹足不前,其结果就是私募股权投资机构没有好项目可供投资;所有被认为好的项目其价格都贵得惊人,意味着后市投资收益增长空间被大大压缩;没有人知道未来是什么,私募股权投资高估值水平能否维系,几年之后才能水落石出。

(六)中国明星上市企业估值畸高

一家A股明星级上市公司,所在行业属于国家重点支持的战略

---

〔1〕 静态PE是指按照上一期可参考的标的企业净利润作为估值依据的净利润倍数。

新兴产业领域，这家公司属于行业龙头，管理团队健全，控股股东是地方国有企业但经理人身份已经完成市场化改造，在净利润不到5亿元的情况下，其市值超过1000亿元以上，市值相对于净利润竟然达到惊人的200倍以上。而前文所述的另一家香港联交所主板上市公司，净利润近1亿港元，且有增长空间，属于细分行业龙头，而其市值竟然低到不足5亿港元，其估值的净利润倍数不到5倍，这家公司实际控制人是一家中国内地名闻遐迩的世界一流大学。资本市场对这家公司一致不看好，可能有其个性原因，也可能有其市场环境的原因，在香港主板市场的小股东主要是机构投资者构成，具备充分判断能力和理性，香港主板市场所有上市公司股票的平均净利润倍数大致在11倍上下浮动。

（七）悟透净利润倍数估值评价方法

股权价格的净利润倍数关系反映了投资人对某项资产的未来预期，也可以用来评价职业选择，测算一个人身价和某一岗位的受追捧程度。美国与医疗相关的工作岗位，如外科医生、麻醉师、心理医生等岗位薪水中位数高达20万美元，平均薪水更是高得离谱，岗位学历要求基本都是博士学历，从市盈率评价来说，并不能说明这个岗位受追捧，而是因为这个岗位风险程度高、压力大，雇主必须支付更高薪水才能找到合适人选；相反，对于一个放弃200万美元年收入去竞选30万美元薪酬总统岗位的律师来说，也不能认为是屈就，放弃高薪工作去选择做低薪总统，是对总统这个岗位预期看好，总统岗位估值净利润倍数高，低现金回报，就能换来更高水平人才去竞选。

用职业前景、岗位稳定性、社会地位、美誉度、岗位荣誉等各种角度来评价一个岗位，中小民营企业相对于国有企业对同档人才总是要开出更高年薪,从估值倍数原理来看,只能说明民营岗位不被看好,而不说明民营企业更有吸引力。优秀企业家可以有效地管理经理人预期,让岗位具备更高的估值倍数(更好的吸引力),其实质就是以平价薪水网罗到优秀人才;很多企业给够给足高额薪水,仍然门可罗雀,吸引不到人才,其岗位估值倍数很低(吸引力很低)。人才足够多、足够优秀、薪酬成本可控,间接表现为企业可能获得更高利润,企业估值水平相应提高,投资人对企业预期就足够好。企业家在各类场景下理解透、玩转估值倍数,其变化奇妙无穷!

## 六、国际并购常用的一种估值评价方法——EBITDA 倍数

### (一)什么是 EBITDA 倍数

在欧美流行一种 EBITDA 倍数估值评价方法。净利润(E)是不含税(T)的利润,且也已经扣除了债务利息(I)、折旧(D)和摊销(A),欧美非公开市场并购习惯用的估值评价方法是 EBITDA(利息、税金、折旧和摊销之前的利润)倍数,折旧和摊销是不动用现金偿还的成本和费用,利息是可以通过新增股权类资金或者偿还负债后能够降低的费用。EBITDA 数据真实地反映了标的企业的现金回流能力,具备并购估值评价价值。

### (二)"五倍黄金法则"

在美国,非公开市场并购对非上市企业股权的 EBITDA 估值倍数大致稳定在 5 倍上下,也即所谓的"五倍黄金法则",被习惯性地经验性地认为估值价格适中。针对欧美并购市场"0 DEBT""0 CASH"[1]的定价习惯,考虑到折旧和待摊的非现金流出的特

[1] "0 DEBT""0 CASH"就是"零负债""零现金",并购方一般要求标的企业在负债清零、现金清零状态下实施并购。

性，所谓企业估值相当于 EBITDA 的 5 倍，其估值水准大致相当于 10 倍的净利润，对应的预期年化收益率大致在 10% 上下，预期收益率不可谓不高，这个居高不下的预期年化收益率包含的主要是股权出售方为收购方提供的流动性补偿，这里的流动性补偿，是指收购方以流动性充裕的现金置换成非流动的非上市企业股权所要求的补偿。

（三）用 EBITDA 倍数评价行业景气指数

在欧美国家，EBITDA 倍数还被用来评价一个行业景气指数，当某一个行业收购估值 EBITDA 倍数大多低于 5 倍的时候，可认为这个行业处于萧条期；当某一个行业收购估值 EBITDA 倍数大多高于 10 倍的时候，10 倍 EBITDA 大致相当于净利润的 15 倍到 20 倍，可以认为这个行业存在泡沫。投资银行家会劝导你，在 10 倍 EBITDA 情况下，应该坚决快速卖掉企业。[1] 再举一例。1901 年年初，卡耐基钢铁公司在上年度净利润 4000 万美元情况下，其股票报价 48,000 万美元，被 J. P. 摩根接受；其估值标准是交易上一年度标的企业净利润的 12 倍。

# 第三节　企业家的交易结构

## 一、科斯有关企业交易成本及其边际问题的研究

（一）企业的产生

在奈特之后十几年，另一位顶尖经济学家开始触及企业组织形

---

〔1〕 参见［美］丹尼斯·J. 罗伯茨：《并购之王——投行老狐狸深度披露企业并购内幕》，唐京燕、秦丹萍译，机械工业出版社 2014 年版，第 281~309 页。

式的内在性质问题。伦敦政治经济学院本科生罗纳德·H. 科斯在其《企业的性质(1937)》一文中,[1]在奈特关于“让自信的和爱冒险的承担剩余且浮动收入的人承担风险、确保有疑虑的和胆小的从事生产的人有固定收入”机制下“一个新的特殊阶层(企业家)出现了”的观点基础上,[2]提出了“交易成本”对企业形成和边界的影响理论。所谓交易成本,在科斯角度,主要是发现价格的成本(信息成本),一个鞋匠向社会销售的信息成本高居不下时,就有动力去鞋厂做工人,当市场交易成本高于企业内部管理协调的成本时,企业便产生了;企业的存在正是为了节约市场交易费用,即用费用较低的企业内部交易替代费用较高的市场交易;当企业内部成本高于市场交易成本时,企业停止扩张。[3]

在企业这种经营组织形式出现之前,科斯假定市场以单个个人参与交易。真实情况也是这样的,布罗代尔在《十五到十八世纪的物质文明、经济和资本主义》和保尔·芒图在《十八世纪产业革命——英国近代大工业初期的概况》中关于大工业来临之前手工业者的记载说明这个假设是正确的。[4] 而单个个人参与交易的成本足够大,促使各个资源方(企业家、资金方和劳动方)签署“一揽子”

[1] 该论文核心内容实际完成时间在1932年前后,1932年科斯本科毕业于伦敦政治经济学院。

[2] 参见[美]弗兰克·H. 奈特:《风险、不确定性与利润》,安佳译,商务印书馆2010年版,第257~259页。

[3] 参见[美]奥利弗·E. 威廉姆森、西德尼·G. 温特编:《企业的性质》,姚海鑫、邢源源译,商务印书馆2010年版,第28~42页。

[4] 参见[法]费尔南·布罗代尔:《十五至十八世纪的物质文明、经济和资本主义》(第2卷),顾良、施康强译,商务印书馆2017年版,第50~51页;[法]保尔·芒图:《十八世纪产业革命》,杨人楩译,商务印书馆1983年版,第31~41页。

合同组成企业，企业的存在事实上减少了合约的数量，降低了交易中的信息搜寻成本。

（二）人身依附的主仆关系被平等的“雇主与雇员”关系取代

在企业形成之前的领主时代，也存在主仆之间的协作，团队作战，国王与贵族、领主与扈从、主人与仆人，在现代企业形成之后，主仆之间的人身依附主导关系被合约性“雇主与雇员”关系取代；仆从与雇员最大的不同，不是看是否支付固定的报酬，而是雇员有择业的自由。科斯在《企业的性质》这篇论文中把这个区别作为点睛例子列举，但又惜墨如金。[1]

（三）科斯对企业边际问题的初探

科斯以两篇论文（一篇是《企业的性质（1937）》，另一篇是晦涩难懂但更为出名的《社会的成本问题》）在 81 岁时获得 1991 年诺贝尔经济学奖。在诺贝尔奖委员会眼中，他成了“法律经济学”的开拓者，这当然受益于其“制度经济学”的研究方向。奈特发现了企业家在一般意义上对企业存在的贡献，并模糊性地认识到企业家的能力边界对企业规模扩大的制约因素；科斯发现了企业形成的交易成本基础，也提示了企业因交易边际效应递减而存在边界或者替代品。但是，他们都没有说清楚，企业规模到底多大才是最有效率的。塔洛克从企业层级制的角度，再次尝试推进了相关研究，让我们从另一个角度有了更进一步的认识。

---

〔1〕 参见［美］奥利弗·E. 威廉姆森、西德尼·G. 温特编：《企业的性质》，姚海鑫、邢源源译，商务印书馆 2010 年版，第 40~42 页。

## 二、塔洛克企业层级制理论与企业边界

### (一)"政治人"的具体化

塔洛克在奈特和科斯基础上,自20世纪60年代初开始,在长达数十年间,跟踪研究了企业层级监管成本与企业边界问题,具体成果体现在《官僚体制的政治》《经济等级制、组织与生产的结构》等著作中。在塔洛克的研究中,官僚体制与等级制是不分的,官僚体制在政府中与在企业中的性质没有区别。所谓等级制,是许多在一起相处一段时间的人,以各级领导与被领导的关系组织在一起;塔洛克所谓的"政治",就是在以领导和被领导(上下级关系)为主导关系的社会人之间的情形。[1]

亚里士多德在文明轴心时代提出了"人是天生的政治动物"("政治人")的假设,而塔洛克则用图表和数据让读者更具体地理解了什么是"政治人","政治人"其实就是在上下级层级制生存者这个群体的画像。这些理性的人,在层级制中寻找独特的生存法则,竞争手段多样;因层级制存在,领导(在企业中可以理解为中层以上阶层)必须实施监控。

塔洛克是悲观主义者,他认为所有的监控最终都失效;公司规模扩大,审核指标开始出现,开始引入外部审计机构,同时建立各种风控机制、集体领导、各种委员会,而所有的风控达到的目标就是如果有风险则无人担责,或者有效规避了各种不确定性,风险降低的结果是低收益或者零收益,大公司开始无效。他发现了一个有趣的

---

[1] 参见[美]戈登·塔洛克:《官僚体制的政治》,柏克、郑景胜译,商务印书馆2012年版,第16页。

现象:大集团的个别单元(子公司)被单独出售,其售价比整个集团都值钱,于是大集团开始被管理层杠杆收购后肢解,大赚特赚。[1]

(二)管理层级与企业边界

如果小企业股权在资本市场比大企业的股权能够卖更多的钱,任何将企业无限制做大的逻辑都是反市场的。唯一的合理性解释就是企业真的是有边界的,超过这个边界,其效益递减甚至负效应,企业越大,将会更多地侵蚀掉其他业务单元的利润。如果这样,将大企业控制的小业务单元(子公司)出售,即便这些小企业还没有达到其边界,也仅说明该小企业还有扩大的空间,其股价肯定会高于边界大到已经失效的企业。

塔洛克在科斯之后从层级制角度提出了管理成本与边际效益之间的关系,公司的经营就是企业家发挥预测能力发现市场价格和机会,而管理就是对这些机会的应对措施。当企业扩张到边际效益为零的时候,任何企业都会扩张失效,无论在经营规模、经营品种、经营地域,这就是企业规模的边界。塔洛克最终也承认,虽然他尝试各种手段,讲出了等级制运营高效的各种可能方法,但也无法找出让企业真正有效运行的最佳方法,这个无解的结论,他只能留给后来者了。[2]

(三)企业能力

企业能力是指在完全竞争状态下的企业家创造利润的能力,具体表现在人才聚集、竞争战略等方面。我们不能沿用经济学的"完

---

[1] 参见[美]戈登·塔洛克:《经济等级制、组织与生产的结构》,柏克、郑景胜译,商务印书馆2015年版,第18、105~107、181页。

[2] 参见[美]戈登·塔洛克:《经济等级制、组织与生产的结构》,柏克、郑景胜译,商务印书馆2015年版,第19~21页。

全竞争市场”逻辑去思考现实的竞争。经济学上的完全竞争市场状态，就是产品和价格信息完全透明、消费者绝顶聪明、交易成本为零、企业家能力整齐划一的真空状态，经济学假定的完全竞争状态下收益会与成本相等，企业家利润为零，这种完全竞争市场不会在社会中现实存在，也永远无法被验证。而现实社会的完全竞争，一般是指行业有充足的供应方、企业家的决策能力不均衡、市场存在差异化、消费者具备一定的识辨能力、各类产品被充分供应、产品可能被替代的竞争状态，各位试想一下，你所在行业难道不是如此吗？

（四）企业初创期的能力就是企业家的个人能力

从塔洛克层级制入手，企业家在创业初期直接担任企业总经理，对各项事务都亲力亲为的企业效率是最高的。企业家精神的核心就是自信，面对不确定的未来，勇往直前，以一当十，开疆破土，势不可当；毫无例外，更多企业未能度过“自然淘汰期”，很多企业萎缩成固定收入的替代品，如理发店、按摩店、夫妻店、小餐馆之类的业态。在企业发展初期，企业快速发展得益于企业家的个人努力；当企业发展到了企业家个人能力边界时，企业产出以老板个人能力与勤奋乘积为基础：不继续扩大规模，很难从微型企业发展到小型规模，难言成功；如继续扩大规模，按照传统认知，必须加杠杆，搭建组织，老板的任务从冲锋陷阵变成指挥作战，起初会有一两个副总经理，熟悉公关或者市场。我们知道，企业家引入的是固定报酬索取者，同时，这些人在发展理念、勤奋度、社会资源等各个方面，一般来说都是不完全相同的；并且作为一个自然人，他不仅有利益诉求，还有自身的“短板”和缺陷。

（五）企业扩张期，企业能力受制于各类客观因素

企业扩张中无一例外地开始搭建塔洛克所说的层级制管理，小

型企业至少有两层或者三层管理层级。老板会将部分时间抽出来去享受生活,这难道有什么错吗?老板同时抽出来部分时间听取高管工作汇报,如果业绩增长,老板会加派人手,原来负责市场的副总经理,逐步变成业务员的指挥者,他在听取汇报的同时,也向老板汇报;企业中有形式上的最高领导,其实任何企业的最高领导都是消费者,只是这个领导是一个群体;企业中的高管是领导同时又被领导,这足以导致层级制出现无法言述的复杂情况,老板偶尔会将业务员叫到办公室单独探听市场动向,以检验市场副总经理提供的信息是否准确,业务员也有意无意越过顶头上司向更高层汇报工作。在三个层级管理模式下,公司内部将逐步形成独特的生态环境,有一千家公司就有一千个生态环境;在两层关系中,不存在复杂的上下级关系,下级不能越级汇报;在三级管理关系中,因为副总经理业务水平并不必然高于业务员,所谓后来者居上,只是年龄或者经验高于业务员而已,对业务员来说,也没有规范的人际关系理念指导其行为,全凭自身理性,有充分理由和动机质疑顶头上司的指挥和判断,老板逐步心动,开始动刀。很多小企业在这个环节出现了问题,人员变动导致客户流失,业绩出现波动。有些企业内部生态野草遍地,行动者和监管者都缺乏知识和理念,实际情况比上述描述复杂万倍,惨不忍睹。

如果不能有效地对人才队伍进行高效管理,企业里各自为政,相互揭短告状,一盘散沙,或者老板认为自己投入管理的时间过高,还不如恢复到老板打天下的初始状态,尝试扩大规模的任何努力肯定停滞或者失败。企业能力不仅来自内部扩张,企业家依靠人才聚集能力,守疆破土,而且来自外部压力,其实质生存逻辑是不扩则缩、不进则退、不胜就败的动态。以人才集聚能力打造的核心能力,随着人才散去,其能力可能瞬间消失。

（六）"人都是以自身的最大利益作为其行动标准"

必须在此强调一个被经验无数次证明正确的自然法规则,那就是:人都是以自身的最大利益作为其行动标准。[1] 不得对在小企业就业的任何人,包括高层管理人员和普通工作人员依据自己的自然判断实施的任何理性行为非议或者指责,每一个人都是如此。这是小企业的内部生态环境。有些人看到短期利益,有些人则目光长远。笔者相信,任何号称为了集体利益而奋斗的企业员工,都应该是认识到其自身利益与集体利益的关联性,为了在这个集体中获得更长远利益;如果他把这个期限确定为十年、数十年或者一生,笔者相信每时每刻他都在为集体利益而奋斗,他最大利益是在集体兴旺后获得荣耀和物质收益。因此,对将集体利益或者更大的利益(如国家利益)与自身利益捆绑的任何一个人,绝对不能认为是虚伪或者欺诈,他们不是随性而是理性而为。这是中小企业内部生态文化的引导方向。

（七）结论:小企业需谨慎扩大经营规模,尽量减少管理层级

回归本论,企业规模扩张具备主观和客观两个条件:主观上是指企业家是否认知到企业扩大规模的利弊两端,愿不愿意扩张以及是否有扩张能力问题;客观上来说是外界力量是否允许一个新创企业进入或者是否允许一个小企业扩大规模的问题。

小企业在发展期面对问题的复杂性超过了所能描述的极限;此类问题乃人类组织机构共同面对的超级大难题,不同组织习性和人

---

[1] 参见[德]赫尔曼·海因里希·戈森:《人类交换规律与人类行为准则的发展》,陈秀山译,商务印书馆1997年版,第6页。

员素养导致不同演变方向和后果,没有标准解决方案,传统监管类解决方法导致组织规模越来越大,成本越来越高,效率越来越低,决策信息越来越难归集,必然进入死循环,按照塔洛克的悲观预期,都将以失败告终。

笔者没有能力为企业家提供一般性的解决思路,个性化问题只能具体分析解决。小企业需谨慎扩大经营规模,尽量减少管理层级,遏制人才招聘冲动,规模扩大与企业家把控监管能力应该高度匹配;企业家在成功退出前,应尽量维持创业初始的勤奋,不必事事躬亲(不能放弃加杠杆的机会),但必须不能脱离岗位。

## 三、企业层级与企业能力的影响——以某区域性宽带公司为例

某区域性宽带公司,从缓慢内生型发展到营业收入数亿元、净利润数千万元,到短期内极速扩张,再到瞬间衰败。这家公司的创始人无论从教育背景、成长经历,到思考力、感悟力和执行力,都属于中小企业创办者中的佼佼者,即便如此,他穷尽思考,也可能仍然未找到这家企业衰败的最核心原因;其他人都看到了这家企业衰败的直接原因,但是,没有人能够说清楚这家企业衰败的实质原因;这个奇特的案例在本节分享,隐隐约约是在提示复盘者或者读者,在企业衰败原因查询时,最有可能漏失的,是不是就是塔洛克所谓的"层级制"企业边界效应递减因素?在企业崩溃之前几年,企业创始人离开了宽带公司的具体管理岗位,不再亲力亲为,危机是否从此开始的,把问题留给各位有见识有能力的读者去评判吧。

### (一)宽带公司经营战略

某区域性宽带公司从事小区和楼宇互联网宽带接入服务,以小区宽带为主。在小区互联网接入领域,其竞争战略是"优质服务,低

成本,低价格”的差异化战略,它的“低价格”战略让其成功地避开大运营商的目标客户群,大运营商固守年1000元以上客户,这家宽带公司在2010年左右单客年收入300元至1000元,其收费远远低于大运营商,与大运营商不产生直接竞争;其“优质服务”战略,成功地获取了大量对服务质量有高要求的客户,宽带公司基本能做到有求必应地上门维修服务,大运营商的服务响应能力相对于它明显不足;“低成本”战略,是它设置了让社区宽带员工具备获得感,同时以高昂热情投入工作的高效薪酬体系,以及维持99.99%通信安全等级的低成本创新运维理念。

(二)创始人亲力亲为,企业风生水起

二十多年前,城市通信主干网的安全运营等级与投资成本成正比。例如,大运营商都是将主干线深埋地下以确保通信安全达到99.99%级别,以此提高客户使用体验维持其高费率;而各中小区域宽带运营商为了节约成本,通过路网高架线路连接城网,安全级别勉强达到99%。不历经磨难,怎能成英雄?面对地埋管线与高架线路十数倍的投资成本差,宽带公司的创始人作为一个20世纪80年代初期的硕士研究生,用数学公式推演出了一个奇特思路:他又安排重复高架另一条城网线,这条线路作为备用线,当主干线因各类客观原因断线停网时,系统将主干线秒换到备用线路。这一思路,让宽带公司相对大运营商投资成本降低数倍情况下,运营安全效率提高两个量级,达到惊人的99.99%级别;宽带公司创始人在路巡观察时发现,某个城市路灯并未通过空架线路输电,这一发现证明路灯运维商是通过地埋线管连接路灯电线,且地埋管冗余量巨大,通向城市任何区域。宽带公司与市政公司签署管线维护协议,以使用电线地埋管冗余空间为条件,宽带公司取得了所在城市深埋线管的使用权，各家宽带公司包括大运营商都纷至沓来向宽带公司支付使用费。

（三）公司高峰时刻

公司创始人说，公司辉煌时期，员工服务效率大概是大运营商的4倍，设备投资数倍低于大运营商导致折旧费用很低。在2010年，公司以不到1亿元的营业收入，获得超过5000万元的财务净利润，对于一个事实上重资产的行业，达到了轻资产行业都无法实现的净利润率，这简直是不可思议的成功！公司一线员工以进城务工人员为主，这些员工能吃苦，其平均薪酬是大运营商同类岗位员工的一半，而工作时间是大运营商员工的2倍（含加班），相对于大运营商来说，相同的工作成果其人工成本低了“4倍”。公司既能维持其远低于大运营商的“低价格”，也足以保证其运营效率明显高于大运营商。公司员工斗志高昂，薪酬与业绩挂钩，员工像“白蚁”一样除了工作就是工作，自觉加班，因为绩效工资占比较高，加班对他们很有吸引力。当年，大运营商小区宽带客均年收入一般都高于1000元，公司恰好避开了大运营商竞争领域；大运营商与公司客户基本不重叠，各守自家领域，相安无事。

（四）创始人的个人能力与企业能力

公司创始人在员工中口碑好，将大部分股份分给核心员工，威信极高；亲力亲为，亲自主持公司文化沙龙，员工的精神世界如沐春风；在他具体控制下，公司内部生态良好。公司创始人高超的战略领悟和归纳能力令人惊叹。创业十几年以来，公司实现了人才集聚效应、高效服务核心能力、与大运营商差异化竞争战略，在全国少数几个核心城市稳扎稳打，其社区宽带接入户最高时超过150万元，营业收入数亿元，净利润数千万元。这应该是中小企业创业成功的一个标杆了。

（五）宽带公司被上市公司收购

这些公司2014年被上市公司收购后，公司创始人成为上市公司的领导人，脱离宽带公司进入上市公司办公大楼办公，留下一帮兄弟继续经营宽带公司。上市公司信誉良好，债务融资能力强，宽带公司借助上市公司授信额度加大社区互联网接入设备的投资，公司短短两年在全国几十个大中城市扩展社区宽带市场，固定资产新增20亿元。但是，投资快速增长，客户增长却缓慢，收入增长速度更低，利润则大幅度下滑，但是，因为前几年的基础比较好，经营情况尚可。

（六）经营环境风云突变，公司一蹶不振

风云突变，三大运营商近年来开始将竞争战场移步社区宽带领域，有运营商的“固移融合”项目，移动套餐送家庭宽带，致三大运营商竞争单客年收入下探到300元，与宽带公司客户高度重叠；在国家“提速降费”宽带战略下，三大运营商高带宽资费标准已经全面覆盖该公司客户，核心城市老客户到期续费率也开始下降；公司新增20亿元固定资产投资后按照一定年限折旧从营业收入中扣除，资产量越大，折旧越高，利润被侵蚀；不仅如此，固定资产投资基本上是靠信用借贷资金，而借贷资金有利息，利息也需要在税前作为财务费用扣除；新增几十个城市资产因为无法产生相应收入，被管理层判定为无效资产，资产大量减值处理。

时至今日，公司犹如战后残局，肃杀清冷，有效资产还是在2014年之前形成的在几个核心城市的宽带客户资源，年度亏损超过10亿元（含资产减值损失），负债超过30亿元，已无力清偿到期债务。

(七)复盘反思

公司创始人开始复盘反思。在顺风顺水的时候如果不头脑发热(他同时强调:不头脑发热几乎是不可能的),不增加债务融资、不扩张,将其后来提纯成的“高效社区服务体系”战略用于承接三大运营商的社区宽带代维服务,同时守住高忠诚度客户服务,再次提高服务竞争差异化优势,不加杠杆、不靠融资而是靠自我内生型发展,不贪大求全扩大竞争范围、不在全国几十个城市投资20亿元,就不会被重资产高折旧和高财务费用拖垮;三大运营商在社区宽带燃起战火,公司根本不是他们的目标竞争对手,最可能是他们的合作伙伴;公司继续利用自身社区服务成本低于三大运营商数倍的核心能力,不仅不会运营亏损,假以时日,公司会自然转型成为社区宽带服务领域最具规模效益的代维服务供应商;三大运营商在社区宽带领域互为敌手,均视公司为战场合作伙伴;而公司在几十个城市投资宽带资产试图扩大客户覆盖率,扩大了社区宽带规模,三大运营商根本无意以其为敌(其客户和经营规模相对大运营商来说不足挂齿)。然而,公司走到今天,竟然发现它已成为三大运营商的敌人,想撤退时已无路可走。

# 第二章

# 退出方式

马其顿国王亚历山大因没有进行退出安排。过分追求财富之外的目标，在其死亡后其帝国出现溃败；“钢铁大王”卡耐基因在行业竞争格局发生重大变化后成功全身而退；摩根银行前三代合伙人依靠选拔顶级人才、事实上的单层管理模式和“执美国牛耳”的竞争战略，靠分红等逐渐退出模式传承百年。欧洲传统贵族生活方式的转变、“平等化”、创业目标的选择等诸因素，影响企业家创业退出方式的选择。

# 第一节　亚历山大的溃败

看过好莱坞大片《亚历山大大帝》的人可能不会留意电影开场的这些细节：在巴比伦皇宫——亚历山大的临时行宫，年轻的亚历山大大帝濒死之际无力地向下属指定继承人，帝国各地失控，亚历山大帝国马上分崩离析。电影桥段与历史记载基本一致。

## 一、亚历山大远征及亚历山大帝国

公元前336年，马其顿国王腓力二世在其女儿婚宴上遇刺身亡，他不到20岁的儿子亚历山大即位马其顿国王。他是亚里士多德的面授学生，亚里士多德向其传授希腊文明的核心理念和全球大局观。马其顿共和国偏安于希腊半岛北部山区，历来都不是希腊文化的主流，如在雅典与斯巴达伯罗奔尼撒战争期间，马其顿曾阶段性地参与过雅典联盟，其地位和影响力不值一提；哈布斯堡王朝（奥匈帝国）后期，马其顿的领土屡被各方瓜分；时至今日，历经两千多年的磨难，作为已经独立、苦难深重的巴尔干半岛上的小型内陆国家（“北马其顿共和国”）早已默默无闻，四周是巴尔干地区的保加利亚、塞尔维亚、阿尔巴尼亚和希腊。[1] 而在亚历山大大帝远征时期，其疆土面积横跨欧亚非，包括古波斯、印度西北部、埃及和巴尔干半岛（包括希腊全境）的区域，地中海中东部的南北东岸大部分地

---

〔1〕“北马其顿共和国，简称‘北马其顿’，是位于欧洲东南部的巴尔干半岛中部的南欧内陆国。”参见百度百科“北马其顿”词条，载百度百科网，https://baike.baidu.com/item/北马其顿/22667611? fr=aladdin，最后访问时间：2021年3月14日。

区,都属于亚历山大帝国的地盘。

西罗马帝国将军、传记作家阿里安在《亚历山大远征记》中记载,[1]亚历山大在公元前334年开始12年不间断地远征,占领了波斯帝国、埃及、印度西北部;从阿里安的记录中,我们知道亚历山大的战略就是成为世界霸主,他雄心勃勃,绝不满足已占有的一切,即便亚洲之外再加上欧洲,把不列颠诸岛也并入欧洲,他还是不会满足。他永远要把目光投向远方,寻找那些他还没见过的东西。他永远要胜过对手,实在没有对手时,他还要胜过他自己。但是,他的扩张因为其生命终结而停止并彻底失败。

## 二、"欧皮斯兵变"及其原因

在最后一次远征归途中,马其顿籍嫡系军队在欧皮斯(巴比伦北部约100英里)发动兵变,不再愿意随军征战;兵变被压制后,亚历山大开始让归意心切的1万多名老兵带着兵饷、战利品回归故里;前323年,在巴比伦[2]驻扎期间,亚历山大因浸水感染发病死亡。

此前在东征印度西北部达到印度河时,马其顿士兵已经有过倦意,马其顿人看出,他们的国王所进行的事业,只不过是一个苦差事紧接着一个苦差事,冒完一次险又冒另一次险,他们的情绪早已开始低落,不再希望继续东征;亚历山大苦口婆心地劝说也没有用。士兵代表认为:亚历山大带领马其顿人已经创造了许许多多伟大业绩,由于这个原因,应该给我们的辛劳和艰险规定一个界限更为得

---

〔1〕 参见[古希腊]阿里安:《亚历山大远征记》,李活译,商务印书馆1979年版,卷一至卷八。

〔2〕 巴比伦成为亚历山大再次远征的临时首都。

策;当我们一切顺利的时候,需要自我克制的精神。因各种原因亚历山大退却了(阿里安说是因为祭祀的牺牲显示渡河不吉利),带领军队从印度返回波斯。

亚历山大在平定“欧皮斯兵变”演讲中也是一脸委屈:我把所有东西都给你们了,留给我自己的,除了王位和一顶王冠,谁能说出我还有什么财产?我跟你们吃一样的饭,睡一样的觉;你们中没有谁与我一样感受到这么多的苦和累;请把衣服脱下来,我也脱下来,至少在前面,我没有一个地方不是伤疤,没有任何一个武器,不管是近距离还是远距离,不在我身上留下伤疤;这一切都是为了你们,为了你们的荣誉,为了你们的财富,我带着你们以胜利者姿态走过所有的陆地、海洋、河流、山脉和平原;我结婚你们也结婚……[1]你们的薪饷确也足够高,每攻下一个城镇,你们都还分到战利品;你们大多数都得到了金冠……

有一个地位高的长者也是亚历山大的伙友骑兵近卫队成员卡利尼斯斗胆向亚历山大说:国王陛下,马其顿人伤心的是,你让波斯人当了你的亲戚,你允许他们吻你,而马其顿人却没有这个权利。亚历山大说:我把你们也当做亲戚呀。卡利尼斯吻了亚历山大,其他人也吻了他;他们拿起武器,回到营房,兵变瞬间被平息。

如果从固定利益索取者得到的物质利益来说,如亚历山大所说属实,除了国王的地位和王冠,亚历山大把全部财务和荣誉都给了他的士兵;但在分配荣誉时候,这些跟随亚历山大从马其顿开始征

---

〔1〕是指与80名将士在欧皮斯一起按照波斯礼仪举办集体婚礼,这次集体婚礼是按照波斯人当地习俗举办的,引起马其顿士兵不满。参见[古希腊]阿里安:《亚历山大远征记》,李活译,商务印书馆1979年版,第259~260页。

战 12 年的军人,感受到了不公。在横扫波斯之后,亚历山大为了笼络波斯人,穿米地亚服装,行波斯人礼仪,按照马其顿方式训练波斯军队,波斯军人甚至替代马其顿人成了亚历山大的心腹。

## 三、亚历山大帝国的溃败

阿利安认为,亚历山大机智勇敢,以艰险为乐;热爱荣誉,对宗教十分重视;在肉体享乐方面极有节制,但在精神享受方面却永无满足;采取行动时英明果敢;善于鼓舞士气,使全军感到前途光明;身先士卒,冲锋陷阵,一往无前;言必行,行必果;在金钱问题上,对自己一贯苛刻,对别人则十分大方;品德崇高,人世罕见。因此,亚历山大才取得前无古人的无上荣光。

在开疆破土远征的时候,亚历山大怎么也没有想到,他没有战死在疆场,而是死于疾病。亚历山大死后,他的生死相交的伙友和兄弟继任者,为了分配地盘,经历了无数次战争,最终结果,各路实力派,包括托勒密[1]控制了埃及,塞琉古控制了波斯创建了著名的塞琉古王国,各取所得,亚历山大的母亲、儿子和妻子在战乱中被杀死。我们已经知道,托勒密王朝,最终被恺撒的侄子西罗马帝国首任皇帝奥古斯都大帝消灭。

## 四、亚历山大的教训

马其顿的亚历山大作为一个伟大创业者,虽然他创立的是一个帝国——但是从戈登·塔洛克的角度来看,企业组织与政府组织运

〔1〕 托勒密创造了埃及托勒密王朝,延续三百多年。托勒密据说是亚历山大同父异母兄弟,他的母亲曾经是亚历山大父亲的女仆。

作模式是完全吻合的，并无任何区别；[1]在第一产业场景下，战争和掠夺就是核心竞争手段，当时的武士就是企业家——在传承或者退出机制中，创造了一个典型崩溃式退出方式，亚历山大代表了退出失败。

亚历山大因其“马其顿方阵”和“多兵种组合”的创新战法、“伙友式”团队管理模式、战利品全部分配及“消除士兵债务（烧毁欠条）”等高激励薪酬体系，成了前无古人、有世界影响力的伟大人物；但是，任何业绩总会被超越，其留下的败绩，瞬间消化掉所有的战绩，却一直让人深入思考至今。这正像作为孩子首席教育者的成熟家长，他们早已不把对孩子能否达到某个高点作为子女教育的追求目标，保证孩子不穿越“底线”则成了衡量孩子教育是否成功的最重要指标；当孩子身体健康，适度努力就能让他成为一个合格的社会人，维持一般人的勤奋，一生足以衣食无忧；勤奋虽然是一个成功人的基础，谁又能说勤奋就能一劳永逸？纵有万贯财富，岂不也需要俭以持家？社会矛盾波谲云诡，普通的人谁不是靠谨敛安命。亚历山大的成功不足为鉴；亚历山大的崩盘式失败，却须引以为戒。

## 五、亚历山大退出失败的原因

### （一）没有进行退出安排

亚历山大作为第一代创业者没有进行退出安排，在其死后也没有将创业成果平稳地传递给继承人。原属于固定收益索取者，如托勒密、塞琉古等人，我们可以把他们理解为企业的核心员工，忠心耿

---

[1] 参见[美]戈登·塔洛克：《官僚体制的政治》，柏克、郑景胜译，商务印书馆2012年版，第15~20页。

耿，与亚历山大具备同样的创新能力和欲望，在历经磨难锤炼后成熟成长为企业领袖；在大佬兼创业伙伴在世时，大家相安无事；在亚历山大去世后，他们不得不相互争夺他们共同打下的产业，部分核心员工恋旧，试图保护老东家的后代，亚历山大的后继者尝试签署《巴比伦分封协议》及其后续补充协议，[1]最终均告失败。我们设想，如果让亚历山大在知情状态下重来一次，他肯定不会如此快速扩张，而且还会就退出机制作出妥善安排，最起码会组建接任团队，不至于在其死后群龙无首，帝国分崩离析，母亲和妻儿受到致命冲击。

（二）过分追求财富之外的目标

在亚历山大退出中，我们也看到，作为创业者，对不确定收益尤其是对非物质利益索取无度（当然，这是此轮文明造就的传统，很多人视荣誉地位高于经济利益）；管理层人员和核心员工过多，在亚历山大临终前事实上已经失控，亚历山大的权威屡被“核心员工（伙友）”挑战。不知道人类后期创业者是否有所警觉，哪怕是西罗马帝国创始人奥古斯都、奥斯曼帝国（在东罗马帝国废墟上历经几百年打造）、罗曼诺夫王朝（控制沙俄四百年）、奥地利哈布斯堡王朝，都是逐渐扩张的模式并长期保持稳定。阿利安断定，在当时世界上没有哪一个种族、哪一个城市或者哪一个人没有听说过亚历山大这个名字。阿利安的判断虽然有些过分，但是，在亚历山大时代，确实没有哪一个人的成就可以超越亚历山大。在亚历山大帝国和古希腊文明前期，人类历史上第一次跨境大战特洛伊战争，阿伽美浓的合

---

〔1〕 指的是公元前 323 年的巴比伦分封协议及前 320 年的特里帕拉迪苏斯分封协议，该分封协议事实上没有得到履行。

伙人、“木马屠城”创意人、战后历经万难回归故土的奥德修斯——他的磨难经历经过其书记官荷马加工成《荷马史诗》，启蒙了人类坚持、忍耐的心智——战后10年归乡路只是在小小的爱琴海中游荡，他领导的国家也仅仅是周长不到100公里的伊萨卡小岛；修昔底德提到的人类历史上第一次全面内部战争“伯罗奔尼撒战争”——因它而归纳出的“修昔底德陷阱”的理论提升了人类对战争起因和文明冲突的认知——核心战场只是在一百多英里路程间展开。[1]

### 六、对现代企业的警示

亚历山大代表着过度扩张和创始人退出失败。中国的某些企业何其相似，横跨视频、体育、新能源汽车等多领域的某互联网企业创始人建立的行业生态圈，在相关多元化收购失败而倒闭的某互联网企业，横空出世意气风发的某新材料企业，无所不能的某保险集团搭建的“金融帝国”；他们的创始人在企业过度扩张之前已经足够成功，名利双收；很多人相信他们过度扩张的目的早已不再是追求单一的物质利益，或许主要是在乎名誉和地位。他们感觉一切都如此顺利，以至于没有把风控和传承提到日程，直到企业倒闭或者被接管，悔之晚矣。亚历山大的知名度超过了古希腊任何一位历史人物，不是因为其开疆破土的成就，主要是因其崩溃式的失败，永远深

---

〔1〕“修昔底德陷阱”在原文中表述为：“但是这次战争的真正原因，照我看来，常常被争执的言辞掩盖了。使战争不可避免的真正原因是雅典势力的增长和因而引起斯巴达的恐惧。”参见［古希腊］修昔底德：《伯罗奔尼撒战争史》（上册），谢德风译，商务印书馆1960年版，第21页。参见百度百科对“修昔底德陷阱”的词条解释“修昔底德陷阱”是指：一个新崛起的大国必然要挑战现存大国，而现存大国也必然来回应这种威胁，这样战争变得不可避免。

深印记在后世受古希腊文化影响的西方人脑中。

## 第二节 卡耐基式的成功退出

与亚历山大不同,美国 20 世纪初期首富、钢铁大王安德鲁·卡耐基则实现了一次性全身而退。

### 一、从“一代移民”到成功之路

作为第一代移民,13 岁的卡耐基在 1848 年随全家从苏格兰移民到美国,据卡耐基本人自述,当时部分船票费用还是找亲戚借的;历经磨难和机缘巧合,十多年后卡耐基已成为很成功的年轻人,他是成功的邮政和铁路公司高管;成功的建筑承包商,建造了至今仍在使用的钢制桥梁;成功的金融中介人(核心业务是撮合资金方和资金使用方的交易)。卡耐基在 19 世纪 70 年代与摩根银行第二代掌门人朱尼厄斯、第三代 J. P. 摩根有过咨询业务合作,相互之间还印象良好。他最得意之作是在 1892 年将其旗下冶炼、矿山、铁路等相关业务单元合并打造成当时美国最大规模的卡耐基钢铁公司。

随着 19 世纪 90 年代美国经济的复苏,具备上下游成本控制能力和市场优势的卡耐基公司的盈利每年以近 100% 速度增长,从 1898 年 1100 万美元到 1899 年 2100 万美元,再到 1900 年的 4000 万美元。[1]

---

〔1〕 参见[美]琼·斯特劳斯:《美国银行家——摩根传》,王同宽等译,华夏出版社 2014 年版,第 223 页。

## 二、行业竞争与工人大罢工

像卡耐基这样个人全权控制一家巨型企业在当时实属罕见，那时大多数大公司的发展壮大均超出其创立者独立经营的能力范围。1898 年竞争者开始出现，伊利诺伊钢铁公司首席律师埃尔伯特·加里和摩根集团合作，合并了伊利诺伊钢铁公司、罗兰钢铁公司、明尼苏达的铁矿公司以及两条铁路的控制权，组建美国联邦钢铁公司，并在第一年实现了盈利，成为当时美国第二大钢锭生产企业，占美国钢产量的 15%。卡耐基公司的战略是生产比他人更优质、更便宜的产品，牢牢控制成本、供货、产量，通过压低工人工资等措施占据行业主导地位；卡耐基不认为他在压低工人工资，他创造性地通过工人工资与产品终端售价挂钩（“浮动工资制”）同时提供最低工资保障的方式解决了持续不断的劳资纠纷。美国工运历史上著名的“荷姆斯泰德罢工”事件发生在 1892 年 7 月 1 日，几百名新入职工人武力罢工，引动 7000 名军警暴力干涉，死伤数十人，卡耐基以其当时正在苏格兰度假、公司合伙人不希望他回来为由规避了全部责任。此后，卡耐基公司又发生无数次劳资纠纷，其中卡耐基亲自参与处理了几次；他第一次在工作实践中感悟到了企业家整合资源的独特作用，他把资本、雇主和工人提高到同样高度，认为这就像三条腿的凳子，缺一不可；同时他发现了一个有意思的现象：工人需要被尊重，当美国工人坐下来与大家一起共进午餐的时候，会把自己当作绅士，变得举止斯文、彬彬有礼。他开始给予工人应有的地位和荣誉，他将股权退出后的第一笔 400 万美元捐助给了公司用于救助发生意外事故的工人，同时捐助 100 万美元维持工人图书馆和礼堂的开销。[1]

### 三、卡耐基一次性全身而退

面对美国联邦钢铁公司的恶性竞争，卡耐基在老家苏格兰度假时写信给自己的总裁施瓦布："一场争斗在所难免，这不过是适者生存的问题。"施瓦布总裁觉察到他的老板已经为了分散个人财富，想在一定时候停止工作，愿意在适当时候出售自己的公司。1900年12月12日，施瓦布在一次专门为自己举办的晚宴上与J. P. 摩根巧遇，施瓦布就钢铁企业联合发展和并购的思路详细地向摩根进行了披露，获得了J. P. 摩根的赏识；1901年2月初某一个晚上，施瓦布就出售公司股权定价标准事宜当面向卡耐基征询意见，卡耐基用铅笔写了一个纸条：希望按照1900年公司净利润4000万元的12倍出售股权，不能用股票支付，现金和债券均可。当晚，摩根表示同意。[2]

卡耐基本人拥有卡耐基钢铁公司50%股权，本次出售使他一次进账2.4亿美元。在当时还没有几个人有"亿元"的单位概念，美国联邦政府当时年度开支仅为3.5亿美元；1901年美国国民收入也就是GDP大概是200亿美元。如果按照美国国民收入与交易金额相对比例折算，这笔交易在今天大概是5000亿美元，按照黄金牌价折算，也相当于今天的5000亿美元。卡耐基成为当时世界上最富有的少数几个人之一。

---

[1] 参见[美]安德鲁·卡内基：《卡内基自传》，亦言译，中国友谊出版公司2013年版，第146~172页。

[2] 参见[美]罗恩·彻诺：《摩根财团》，金立群校译，江苏文艺出版社2014年版，第92~93页。

## 四、卡耐基退出的原因

卡耐基能够一次性全身而退，是因为公司股票持有人在成功创业后的理念上出现了提升或者转变。1900 年卡耐基出版了其对财富更新认知的《财富的福音》一书，他决定不再为财富而奋斗，停止财富积累，准备开始崇高而艰巨的捐赠工作；在自传中他写道，“在这个节骨眼上，施瓦布先生问我，摩根先生想知道我是否打算退出商界，如果是，他愿意买下公司。摩根先生还说他已经与我的合伙人都谈过了，给出很优厚的条件，他们都愿意出售。既然我的合伙人都愿意卖，我也同意，最终我们卖掉了公司”。[1]

卡耐基一次性裸退是公司竞争环境恶化后的理性选择。20 世纪 70 年代后，美国开始进入“钢的时代”，世界钢产量从 1870 年的 50 万吨增长到 1900 年的 2800 万吨，美国钢产量从 1867 年的 2.2 万吨增加到 1900 年的 1140 万吨。卡耐基牢牢地抓住行业高速成长的机遇，发展壮大；但是，钢材行业竞争开始加剧。20 世纪 90 年代后期美国钢材行业面临的是生产过剩、削价竞争、暴利和恶意并购，投机盛行。[2] 无论是卡耐基，还是伊利诺伊钢铁公司加里律师、卡耐基钢铁公司总裁施瓦布，以及作为企业家合伙人的资本方，都无一例外地看到恶性竞争即将来临；在行业高位，企业家在寻求联合，资本方想退出，这大概进入了需要公众参与投资的时代了——卡耐基非常知趣。他明白：他的核心管理层已经在联系买家，他的合伙人

---

〔1〕［美］安德鲁·卡内基：《卡内基自传》，亦言译，中国友谊出版公司 2013 年版，第 163 页。

〔2〕参见［美］琼·斯特劳斯：《美国银行家——摩根传》，王同宽等译，华夏出版社 2014 年版，第 223 页。

(也就是资本方)都同意高价退出,好日子马上到头了;那些被卡耐基认为是饭桌上斯文有礼的美国工人,已经十几年没有闹事了;在卡耐基有生之年,他将会看到觉醒中的美国数十万钢铁工人,要求"八小时工作制、提高工资"的震惊世界的大罢工,美国政府不惜再次出动联邦军警镇压,死伤无数。

## 第三节　摩根银行传承百年的逐渐退出方式

在卡耐基前后,还存在一个创始人逐渐退出的方式——"摩根退出方式",这个退出方式在摩根银行延续上百年。

### 一、"摩根退出方式"

1940 年 2 月摩根银行改制成多元股权结构模式之前,其股权均被少数几个核心合伙人持有;合伙人死亡或者因健康、离职等各种原因不再担任摩根合伙人的,需要按照其持股份额度抽走其名下的资本金,除非其继承人同时被接纳为公司合伙人且愿意继续将所继承的资本金留存在公司,这种退出模式类似于公司用库存现金向退出的股东回购股权。前三代摩根创业者,摩根银行创始人、"吝啬鬼"巴尔的摩商人乔治・皮博迪、第二代摩根银行控制人朱尼厄斯・斯潘塞・摩根(J. S. 摩根)、第三代摩根核心控制人约翰・皮尔庞特・摩根(J. P. 摩根)及其合伙人安东尼・德雷克塞尔,均通过这种方式实现了退出。除此之外,"摩根退出方式"还有一个鲜明特点,其合伙人收益不仅仅通过工资,更主要的是通过分红方式获得;但是,为了提升公司融资能力,公司年度利润并不全部用来分红,少部分利润会留存在公司中。这就是“摩根退出方式”的核心内容。

## 二、创始人皮博迪的退出

摩根银行创始人乔治·皮博迪 1837 年迁居伦敦。伦敦当时是“金融太阳系”的“太阳”，在资本短缺的世界，只有伦敦拥有大量剩余资金，英国作为具备核心竞争能力的大国地位已经确立；英镑作为以白银为基础的世界贸易通用货币，早在征服者威廉时代（1066 年前后）就开始正式使用了。英镑历经减重（很少有人记得，英镑其原始货币就是 1 英制镑的白银，英国历代君王也就是造币者的利益在于将贵金属的实际重量减轻而名义币值不变）成功地进入纸币化时代，在皮博迪创立摩根银行的时期已臻成熟，获得了等同于贵金属货币的信用。乔治·皮博迪因受托处理美国马里兰州拖欠英国债券债务而来到伦敦，皮博迪公司（伦敦 J. S. 摩根公司的前身）设立的初衷是为美国商人打通在伦敦融资的渠道。皮博迪因在 19 世纪 40 年代早期买的违约贬值的马里兰州政府债券后来再次付息而大发横财；1854 年开始，皮博迪引入朱尼厄斯·斯潘塞·摩根（J. P. 摩根的父亲）成为皮博迪公司的合伙人。朱尼厄斯在 1857 年开始成为皮博迪公司实际控制人。朱尼厄斯在美国内战期间买卖联邦证券，债券价格随着战事进展而涨跌；1864 年，皮博迪按照他与朱尼厄斯的 10 年合伙协议准时退出公司，他决定将公司字号和资金一并撤走，朱尼厄斯将公司名称改成 J. S. 摩根公司，并按照合伙协议拥有了 44.4 万英镑的运营资金，这是他主政 10 年皮博迪公司的全部利润，这是一大笔钱，约合 250 万美元，按照黄金牌价折算，大致相当于今天的 2 亿多美元。

乔治·皮博迪退出皮博迪公司前就开始了没有节制的捐助，

1857 年他资助设立的巴尔的摩皮博迪学院,现在已经成了总部在巴尔的摩的约翰斯·霍普金斯大学旗下享誉世界的艺术教育中心。皮博迪向耶鲁大学和哈佛大学各捐助一个博物馆,他捐助的伦敦贫民住宅工程,至今仍在使用。维克多·雨果说:"这个世界上有充满恨的人和充满爱的人,皮博迪属于后者。正是在这种人的脸上,我们看到了上帝的笑容。"〔1〕

而在摩根财团历史上,皮博迪是以"吝啬鬼"著称的,据朱尼厄斯·摩根亲身经历,有一天早晨他发现皮博迪在办公室里风湿病发作,身体十分虚弱。摩根劝他:"皮博迪先生,你患感冒,不该再坚持在这里工作。"皮博迪拿起帽子、雨伞,答应回家去。20 分钟后,在回伦敦交易所的路上,摩根发现皮博迪还站着雨里。他说:"皮博迪先生,我以为你回家了。""摩根,我是要回家去",皮博迪回答,"可是只过去了一辆两便士的公车,我在等一便士的车"。此时,皮博迪的银行账户中已激增至 100 万英镑(或者 600 万美元,相当于今天约 5 亿美元)。〔2〕

### 三、第二代合伙人朱尼厄斯的退出

朱尼厄斯在伦敦的公司逐渐走向正轨,并在 1870 年对法国政府贷款中一战成名。他研究法国政府债券历史交易记录发现,任何政权更迭并未导致法国政府债券违约;他开始承销法国政府债券,自行购买最终没有卖出去的债券并从二级市场低价收购已经变成垃

---

〔1〕 参见[美]罗恩·彻诺:《摩根财团》,金立群校译,江苏文艺出版社 2014 年版,第 3~15 页。

〔2〕 [美]罗恩·彻诺:《摩根财团》,金立群校译,江苏文艺出版社 2014 年版,第 8 页。

圾级别的法国政府债券，在法国政府如约还款后，他从一个卓有成就的普通人一跃成为伦敦金融界巨子。1864 年朱尼厄斯安排 J. P. 摩根与年长他 30 岁的查尔斯・布达尼成立了布达尼－摩根公司（存续期较短），成为 J. S. 摩根公司在纽约的代理机构；1871 年 5 月，根据朱尼厄斯的安排，J. P. 摩根与当时美国的顶级金融家安东尼・德雷克塞尔达成协议，J. P. 摩根成为费城德雷克塞尔公司和巴黎德雷克塞尔－哈耶斯公司的合伙人，同时成为新设立的纽约德雷克塞尔－摩根公司（J. P. 摩根公司）的管理合伙人，朱尼厄斯为此投资 500 万美元（连同 J. P. 摩根的 35 万美元），以期达到与德雷克塞尔家族资金的平衡（德雷克塞尔家族在公司的资本金大概 700 万美元）。[1]

1884 年已经实质退出管理层的朱尼厄斯对伦敦 J. S. 摩根公司合伙人进行了调整，新增了部分合伙人，另授权 J. P. 摩根对伦敦 J. S. 公司实施实际控制，并安排在他死后公司预留 100 万英镑资本金（朱尼厄斯在 1888 年将预留资本金提升到 150 万英镑，约合 900 万美元）。[2] 此后若干年，朱尼厄斯开始享受晚年美好生活，冬天，他是在蒙特卡洛的亨利埃特别墅中度过的，在那里可以俯视美丽的地中海，朱尼厄斯过着一种极有规律的、资产阶级式的生活，他和朋友共进午餐，午后驱车漫游。1890 年 4 月 3 日那次出游中，朱尼厄斯因车祸昏迷 5 天后去世。朱尼厄斯基于生前巧妙地安排，成功地实现了交棒，其在 J. S. 摩根公司的资本金全部由 J. P. 摩根继

〔1〕 参见［美］罗恩・彻诺：《摩根财团》，金立群校译，江苏文艺出版社 2014 年版，第 25～37 页。

〔2〕 参见［美］琼・斯特劳斯：《美国银行家——摩根传》，王同宽等译，华夏出版社 2014 年版，第 143 页。

承,多于预留资本金(150 万英镑)部分及其他财产按遗嘱妥善分配。朱尼厄斯的儿子皮尔庞特在老家哈特福德为父亲办了一个体面的、与一位声名显赫的战争英雄身份相符的葬礼。灵车经过的所有店面都闭门致哀,该州议会会堂前也下了半旗。[1]

## 四、第三代合伙人皮尔庞特的退出

1895 年,鉴于德雷克塞尔家族事实上退出了合伙,小安东尼·德雷克塞尔在安东尼·德雷克塞尔去世后,选择从德雷克塞尔·摩根公司退出。摩根决定对纽约、费城和巴黎的公司进行重整,重整后的纽约公司被重新命名为 J. P. 摩根公司,巴黎分行更名为摩根-哈耶斯公司,保留费城原德雷克塞尔名称,其他合伙人只在一处分行中拥有股份,但是 J. P. 摩根拥有全部公司 35%股份,权力中心从伦敦转到纽约。[2]

早在 1892 年,杰克·摩根(J. P. 摩根的儿子)25 岁刚从哈佛大学毕业 3 年,J. P. 摩根就让他担任了摩根纽约、费城和巴黎分行的合伙人;1898 年杰克·摩根被委派到伦敦 J. S. 摩根公司担任合伙人,那年杰克 31 岁;杰克在伦敦"流放的日子"直到 1905 年才结束。此后,杰克作为一个守成者,在 1913 年继承了 J. P. 摩根价值 3000 万元的资本金(其他遗产根据遗嘱在继承人中分配),J. P. 摩根 1913 年死于旅行途中。20 世纪 20 年代之后,摩根合伙人拉蒙特成为摩根公司实际控制人,杰克和拉蒙特相安无事,他们在 20 世纪 40 年代

---

〔1〕 参见[美]罗恩·彻诺:《摩根财团》,金立群校译,江苏文艺出版社 2014 年版,第 65~67 页。

〔2〕 参见[美]罗恩·彻诺:《摩根财团》,金立群校译,江苏文艺出版社 2014 年版,第 71~72 页。

完成摩根公司的股份改造,此后合伙人退出的方式不再是直接抽走公司资本,而是改在二级市场通过股份转让的方式退出。

## 五、"摩根退出方式"的终结

"摩根退出方式"是逐渐退出的典型。如果公司有利润,他们将大部分利润分红,少部分利润留存在公司。例如,J. P. 摩根 1879 年分红额度是 67.2 万美元,1880 年 80 万美元,1881 年 94.8 万美元,1882 年 73.9 万美元。[1] 任何一个合伙人去世或者因其他原因退出,将清退他们的资本金;一个合伙人退出,不影响其他合伙人继续以公司名义经营。1940 年,杰克和拉蒙特占有摩根公司大部分股份,两个人都已经步入老年,他们死后如果退出资本金将对摩根公司带来巨大影响。因此,渐退式方式已经不再合理,他们将摩根推向市场,在他们死后,其后代继承的股权开始在二级市场退出。例如,摩根银行实际控制人拉蒙特 1948 年去世后,他的捐助管理人卖掉他 25,000 股 J. P. 摩根公司的股票,获得 600 万美元的现金(按照黄金牌价折算,约相当于今天的 3 亿美元)。[2]

## 六、"摩根退出方式"传承百年的成功要素

### (一)选任顶级人才

摩根在成为公众公司之前传承百年(19 世纪 40 年代到 20 世纪 40 年代),选拔具备创新才能的领军人物是摩根公司发展创新的最

---

〔1〕参见[美]琼·斯特劳斯:《美国银行家——摩根传》,王同宽等译,华夏出版社 2014 年版,第 127 页。

〔2〕参见[美]罗恩·彻诺:《摩根财团》,金立群校译,江苏文艺出版社 2014 年版,第 521 页。

关键要素。皮博迪选中了朱尼厄斯,朱尼厄斯成为当时最接近达到罗斯柴尔德家族核心人物影响力的金融家。朱尼厄斯举贤不避亲选择自己的儿子 J. P. 摩根作为继承人,成为摩根公司扩大影响力的关键;在 J. P. 摩根盛年,其管理的资金量相当于美国金融资产的 1/3,罗斯柴尔德家族和巴林银行在这个"华尔街拿破仑"光照下黯然失色。杰克继承摩根公司管理权后,生不逢时,守业尚可,创新不足,成败功过乏善可陈,生时挥霍无度导致他死亡时候遗产仅仅相当于他继承父亲遗产的 1/10。但是,他退居幕后将拉蒙特推举到第一线,拉蒙特成为摩根的实际控制人,在拉蒙特的带领下,摩根银行成功地实现了投资银行(摩根斯丹利)与商业银行的分立、国际化、公众化,度过了重重难关进入了第二个百年。

(二)合伙人亲力亲为,单层管理模式

摩根传承百年的另一个要素,是合伙人亲力亲为直接与客户最高负责人沟通、掌握最核心资源、参与最具体的一线工作。摩根公司合伙人的工作方式,最接近于塔洛克所描述的"白蚁"模式,除了必要的休闲旅行外(这几乎是雷打不动的习惯,J. P. 摩根每年有一半时间在欧洲度假),摩根合伙人唯一思考的就是工作,勤奋工作成为他们唯一的习惯性动作,就像"白蚁"一样除了工作就是工作,别无其他多余动作。他们采取最"扁平化"、实质性单层管理模式,具体工作人员就是公司实际利益拥有者;在 19 世纪 90 年代,摩根财团成为美国首屈一指的银行(核心业务就是投资银行业务,摩根在投资银行和商业银行分立之前不接受普通公众存款),机构编制极其精简,全部雇员只有 80 人,J. P. 摩根这个华尔街顶级大佬甚至连一个固定的秘书都没有。朱尼厄斯曾多次警告儿子不要沉浸于生意中,搞得精疲力竭。当 J. P. 摩根雇用了一名书记员,专门拆读大量信函时，朱尼厄斯震惊了，他在19世纪80年代最后一次告诫儿子，信中说："不管一个人体魄多么强健，他也不能够承受像你过去两年在脑力和体力上所经受的压力，除非你能够及时地在这两个方面得到充分休息，否则，你迟早都会付出代价的。"〔1〕其实，朱尼厄斯从未意识到，自己那种永不屈服的风格和理想化的高标准如何造就了J. P. 摩根对工作那种"奴隶般的"奉献精神。

（三）"时刻执美国的牛耳"

摩根传承百年的第三个要素是公司拟定了适合公司单层管理机制的竞争战略。从第一代创业者开始，皮博迪将商号就定位于商人银行，摆脱了银行存折、出纳窗口及支票存款等从15世纪开始的传统银行。他们的特长是高额融资，只为各国政府、大公司和有钱人服务，皮博迪建立的银行与普通人根本不会产生任何业务关系。〔2〕朱尼厄斯在19世纪70年代给J. P. 摩根发出的工作训令是"要时刻记住一件事，要时刻执美国的牛耳"；早在1873年华尔街"大恐慌"之后，J. P. 摩根在纽约德雷克塞尔-摩根公司成立初期，就设定了摩根公司的战略：交易要限制在精英公司上，避开投机公司。J. P. 摩根总结说，"我得出的结论是，今后无论是我的公司还是我本人，都不会直接地或间接地与尚未完备的公司谈判证券业务；凭经验看，这类公司的地位从任何一方都不能证明它无可辩驳地具备足

〔1〕参见［美］罗恩·彻诺：《摩根财团》，金立群校译，江苏文艺出版社2014年版，第64~65页。

〔2〕参见［美］罗恩·彻诺：《摩根财团》，金立群校译，江苏文艺出版社2014年版，第4页。

够的资格借贷。”[1]从其合伙人亲力亲为的角度，摩根财团在成为公众公司之前，其形式上杠杆效应不大；但是，摩根合伙人通过亲手承揽并亲自操盘单笔大额业务，在实质性单层管理层级模式下，“执美国牛耳”，事实上增加了杠杆效应。

## 第四节　退出方式的理性选择

### 一、企业家的退出选择各异

很多企业家既不选择通过分红方式逐渐退出，也不在任何适当时机转让股权，他们从创业开始持续持有股权，没有设定退出期限，历经多次经济周期、产业升级转型、自然生命迭代相传，也无意退出公司；很多企业家习惯性地选择不退出战略，他们以拥有持续经营企业控股权作为目标，潜意识或者明示地以将企业做大做强作为实现目标的手段。

霍布斯早在17世纪中叶就认识到多数人的这一追求：一个人在公众中的身价，也就是国家赋予他们的身价，一般称为地位。这种国家赋予的身价要通过发号施令、裁断诉讼、公共职务等职位来估定，或者通过专为显示这种身价的称号或者名义来估定。[2]一个成功的中小企业控制人，在所在城市一般会获得令人瞩目的社会地

---

[1] [美]罗恩·彻诺：《摩根财团》，金立群校译，江苏文艺出版社2014年版，第40页。

[2] 参见[英]霍布斯：《利维坦》，黎思复、黎廷弼译，商务印书馆2017年版，第64~65页。

位，无论这种地位是来自官方认定，行业协会、社会评价，或者企业自身搭建的层级管理体制获得服从、赢得尊重，效果都相同。

价值观影响每一个人对追求目标、社会地位、消费文化的习惯性理解；而价值观则由其出身、成长环境、教育背景、进阶模式等决定。因此，不同的出身、成长环境、教育背景的企业家，其选择退出的方式也大有不同。

## 二、欧洲贵族生活方式的演变

布罗代尔说，在欧洲15世纪到18世纪资本主义发展历程中，经历了贵族到现代资本主义生活方式的巨大变迁。在工业和艺术品成为商品之前，大地主个人消费与奴仆没有实质区别，对于拥有几百平方公里领地年收入超过3万英镑（从黄金牌价看，大致相当于今天的1000万英镑；当时的3万英镑对食物等基本消费品的购买力可能比今天的1000万英镑更高）的大地主，每天宾客盈门上千人在城堡中吃喝玩乐（“宴宾客”）。[1] 大卫·休谟在《英国史》中说，在亨利五世时代有一个英国宗室贵族领袖，每天有不下3万人寄食于他的各地庄园、城堡，[2]可见布罗代尔所言不虚。大地主同时又是大贵族，他们富有且收入稳定，他们通常因为巨额土地财富在英国上议院拥有席位，除了让奴仆和客人共享地租收益外，没有其他消费可以消耗掉巨额财富；他们靠呼朋唤友和呵斥仆人为乐，奴仆和宾客以精美食物为对价让主人购买威严，大贵族以烂醉和饱食消磨

---

〔1〕 参见［法］费尔南·布罗代尔：《十五至十八世纪的物质文明、经济和资本主义》（第2卷），顾良、施康强译，商务印书馆2017年版，第593~599页。

〔2〕 这位贵族领袖就是沃里克伯爵。参见［英］大卫·休谟：《英国史》（第2册），刘仲敬译，吉林出版集团有限责任公司2012年版，第337页。

漫长而无聊的乡下时光。

工业和手工工艺的发展,不仅带来经济结构转型,而且对传统生活方式造成了不可逆的冲击。城市发展迅速吸引富人过来定居,他们周末或者假期才回到乡下别墅;手工业者的艺术品和工业制品消耗了他们大量的金钱,富人开始从与奴仆分享收益变成独享收益,仆人数额直线下降,从千人到数十人乃至二十人以下。[1] 作为自然人典型"内循环"标准动作的阅读尤其是人文、历史、传记、拉丁文、宗教等领域书籍的深度阅读开始变成富人打发时间的日常核心活动,毋庸置疑,这不仅来自主动选择,欧洲经济结构调整所带来的文艺复兴时期乃至启蒙时代知识分子灿若繁星般的精神产品,也给他们提供了深度思考的平台;今天欧美知识阶层深度阅读的许多经典著作,那时候都已经公开出版。现代化开始转型,速度越来越快,王权开始退却,民权自然崛起,每一个人都逐渐独立,仆人也变成了合同制雇工,平等势不可当而自由逐渐遥不可及,连乡下的土地也必须通过合约方式出租,回乡扈前仆后的排场变成了租户以各种借口减免地租的谈判约见,租户总是得逞,富人总是无可奈何,不胜其烦的结果是大地主逐渐减少去乡下的机会。欧洲诸国的贵族经历了从求助于外的贵族生活方式,到逐步安于内心的资本主义生活方式的转变,这个转变在那个时代就不可逆了。[2]

---

〔1〕 参见[法]费尔南·布罗代尔:《十五至十八世纪的物质文明、经济和资本主义》(第2卷),顾良、施康强译,商务印书馆2017年版,第285~345页。

〔2〕 参见[法]费尔南·布罗代尔:《十五至十八世纪的物质文明、经济和资本主义》(第2卷),顾良、施康强译,商务印书馆2017年版,第285~345页。

### 三、平等化趋势对退出理念的影响

在退出战略或者退出模式选择层面,作为一个自然规则,每一个创业者在创业成功后选择退出或者不退出,都有其确定性背景和自身理性,不存在一般普适意义上评价对错的标准,在其个体理性角度评价都有其合理性。但是,两种不良倾向,应引起读者思考。

古今中外概莫能外的竞争法则是,任何社会体制均搭建了社会管控层级,通过企业创业并进而通过做大做强企业,为社会贡献就业岗位和税收(含捐赠),提升自身在层级中的地位,毋庸置疑百利无一害。但是,企业家在社会层级制的提升,是建立在被监管角色基础上的一个人所能达到的层级,不是以名义收入、税收或者雇员多寡为标准的。正像托克维尔在《论美国的民主》中提出的理念,平等的趋势不可阻挡,任何社会都是以上层下移、下层上升作为阶层运动方向,终局的目标其实就是平等化。人人生而平等,人人具备平等的创业机会,通过自身努力提升层级或者竭力保持在高位不快速下降。企业家在达到阶层中间位置后仍以社会阶层提升作为奋斗目标,其实质是社会发展方向的“反动”,企业家创业从中下层升到中间阶层,是顺势而为,到了中间阶层再次上升的尝试,除了少数“精英人物”外,多数人都会铩羽而归,以失败或者意想不到的崩盘而告终,部分企业家的这个登上“琼楼最上层”[1]的想法完全不符合阶层运动的内在逻辑和社会现实。

---

〔1〕 出自民国四公子之一的袁克文诗篇《分明》最后两句:“绝怜高处多风雨,莫到琼楼最上层。”后人理解这两句诗具有中庸思想和劝诫之意。

### 四、创业目标对退出理念的影响

通过经验和历史观察发现了一个自然法规则，人的欲望在得到充分满足后，再次消费或者重复体验的幸福感随之降低，直至降低到没有任何幸福感甚至幸福感为负数。18世纪的大地主、法国勃艮第公爵路易之子、法国国王路易十五，他的仆从想尽一切方法刮尽全国财富供其享乐，奢侈至极挥霍荒淫无度，不仅其一生郁郁寡欢，也使整个国家陷入不幸。〔1〕我们无法让任何一个人完全不受“有闲文化”外在显性消费的不良影响，但是，企业家一定不能进入奢侈享乐挥霍的死循环泥潭，这关乎对财富作用的定准。如果创业的目的在于满足作为一个有尊严的人和家庭的舒适需求，企业家就会在创业成功后“知止”，不追求过分高的财富目标和社会地位；过分享乐不仅不提升个人幸福，而且会恶化企业家的人际关系，穿透企业家的安全底线。“宴宾客”“起高楼”的享乐路线，其结果都是一样的，失败似乎不可避免。在财富的高位寻求已经远去的自由，就像贫穷者觊觎富人的财富一样危险。

---

〔1〕 参见[德]赫尔曼·海因里希·戈森：《人类交换规律与人类行为准则的发展》，陈秀山译，商务印书馆1997年版，第14~15页。

# 第三章

# 分红的原理

大部分中小企业因资金紧张，存在向存量股东股权融资的需求，多倾向不向股东分红。分红提高了ROE（净资产收益率），主流资本市场国家，许多公司通过分红（包括股份回购）降低净资产，在收益稳定或提升时，有效地提升股价。分红是企业家（股东）逐渐出的一种有效方式。观察发现，任何持续经营的项目，必须留足充分的策略空间，以应对不期而遇的“黑天鹅”，以分红方式将累积净利润逐步兑现，对每一个创业者都是有必要思考的策略选项。

# 第一节　中小企业不分红的原因

摩根银行的首个百年，将大部分年度利润分配给股东，分红成了摩根股东逐渐退出的一种主要形式。摩根银行的前三代合伙人（股东），包括第一代创始合伙人皮博迪、第二代合伙人朱尼厄斯、第三代合伙人皮尔庞特及德雷克塞尔家族，都是通过有利润年份分红、合伙人死亡后清退或者继承资本等方式逐渐退出的。

因摩根银行在首个百年战略清晰，死死守住投资银行的头部业务，合伙人亲力亲为，采取事实上的单层管理体制，人才辈出，从创始人皮博迪、朱尼厄斯、“华尔街的拿破仑”皮尔庞特，到第四代掌门人拉蒙特，成功跨入了第二个百年。因第四代掌门人拉蒙特、杰克同时步入老年，合伙人再次按照传统方式分走资本，已经不太符合摩根银行的实际情况，拉蒙特将摩根银行推上了公开资本市场。[1]

## 一、不分红的原因——对存量股东股权融资

企业的首笔融资来自股东，它属于股权类融资；中小企业在发展中不可避免地存在对资金的需求，从而逐渐开始债务类融资或者股权融资。

股权融资包括增资方式引入其他外部股东，也包括对存量股东的内部融资，将企业利润留存不用于股利分配，就属于对存量股东的内部股权融资。在企业债务融资受阻或者融资成本高企、外部股

---

〔1〕 参见［美］罗恩·彻诺：《摩根财团》，金立群校译，江苏文艺出版社 2014 年版，第 510 页。

权融资不畅的情况下,对存量股东内部股权融资就成了很多企业的自动选择。分红从这个角度说,似乎并不符合中小企业发展融资的需求。很多企业因此而抵触在扩张期分红;很多企业家理想高远,在企业利润规模小的情况下,也看不上分红这个蝇头小利。

## 二、宽带公司案例——用留存收益扩张

前述案例中的那家宽带公司二十多年间多数年份存在经营利润,但是从来没有尝试过对股东分红。根据宽带公司创始人对分红问题的重新思考和理解——在被问到这个问题之前,他创业以来从来没有考虑过这个问题。他认为,一个快速成长中的小企业,根本不存在分红的可能。他举例说,宽带公司初始股东原始投入额度很小,发展到在网用户 150 万户之前股东实际原始股权出资金额也仅仅是百万元。宽带公司在任何一个阶段,虽然有利润但始终处于资金饥渴状态,企业利润都被扩张投资占用,不仅分毫不剩,差距还十分巨大。任何一个拥有股权的核心员工都理解公司资金的短缺状态,没有一个股东主动要求过分红,也没有一个股东对公司常年不分红提出过质疑。公司这么多年扩张,都是从股东牙缝中挤资金,相当于向存量股东习惯性以留存收益方式实施股权融资,不分红成了天经地义最正确的事情,更多的时候,他会动员核心员工将自己和亲戚朋友的资金借过来用于公司经营,拖欠核心员工工资也是常有的事。

宽带公司创始人说,在资金极度短缺的情况下扩张,所有参与决策的核心员工(同时也是股东)都对捉襟见肘的资金精打细算。首先,公司核心员工长期以来是低工资,他们没有怨言。其次,每一个核心员工都对公司未来充满信心,认为社区宽带接入市场给宽带

公司留足了竞争空间,其差异化战略不仅容易理解,而且看得见、摸得着,他们固守 300 元至 1000 元年费区间客户,其最困扰的竞争对手不是三大运营商,而是同等规模的区域运营商,各个相互竞争公司的员工“抢地盘”的情况时有发生。再次,公司在资金短缺的情况下缺乏快速扩张能力,只选择了少数几个中心城市脚踏实地地稳步扩张,精耕细作,最终在这几个中心城市形成了核心能力和客户口碑,长期以来续费率很高。最后,如果一开始宽带公司就有类似最近几年的充分的债务融资能力,在很多城市扩张过快的话(就像最近几年的情况,宽带公司债务融资 20 亿在全国几十个中等城市扩张),宽带公司不会形成此后的利润创造能力,在几个核心城市中创造的数千万利润,肯定会被扩张后的亏损快速侵蚀掉(这其实是一切都水落石出后的再思考成果)。从这个角度来讲,资本短缺状态下脚踏实地、内生节约式的自我发展,回过头来看,才是中小企业真正正确的发展道路。

### 三、品牌餐饮连锁——为什么不分红

笔者曾与一家小型餐饮连锁公司的负责人讨论过分红问题。

第一个问题:你们是否有计划分红?

负责人不假思索地回答:没有。

第二个问题:是暂时不分红,还是永远也没有计划分红?

他马上回答:永远不分红。

第三个问题:对于股东来说,永远不能从公司分到红利,即便持有股份,对于机构投资者来说,怎么有动因去购买公司股票?股价又怎么可能上升?

他踯躅良久,疑惑地看着本书作者,不置可否。

中小企业不分红的习惯是怎样养成的？

这家小型餐饮连锁公司很具代表性。他们虽然有一定的知名度，但企业当期利润还很微薄，企业尚未达到预期规模；各方对未来充满期望，目前不可能进行利润分配，他们不仅通过留存收益融资，还需要加大外部股权融资和债务融资规模，扩大经营，产生更多利润；他们十分笃信中国标准化餐饮连锁市场十分巨大（万亿级别）、目前转化率还很低（仅有千亿级别），且这个行业的经营主体的规模大多还很小、竞争无序、行业比较散乱，作为准头部企业，他们还有扩张空间；他们通过并购或者内生型扩张，向收编的微型餐饮机构赋能，逐步将收入和利润做大；他们更清楚二级市场估值逻辑，在估值标准（PE 也就是净利润倍数或者在没有利润情况下用 PS 也就是销售收入倍数估值）不降低或者不大幅度降低的情况下，只要扩大利润或者营业收入规模，企业在二级市场估值就会上升，他们现在没有必要分红；不久的将来，随着中国餐饮连锁市场转化率的进一步提高，他们作为头部企业之一的市场占有率会进一步扩大，将有可能在二级市场成为高市值公司，股东及财务投资人将会通过二级市场股票增值实现盈利。这就是他们的基本逻辑。

我们已经清楚了一家小型餐饮连锁公司的真实想法；我们也了解了那家宽带公司在资金短缺情况下对分红的态度。他们不分红的习惯有着共同的理由：扩大规模的预期与资金短缺的现状之间存在矛盾。

# 第二节　分红与 ROE 的关系

## 一、ROE 与经营能力评价

发达资本市场非常看重 ROE(净资产收益率)指标,ROE 高,说明管理层对股东资产管理水平高,股东有可能获得更多回报;业绩优良的公司具备将利润通过现金分红、股权回购等方式直接或者间接地分配给股东的冲动。因为分红或者回购直接减少了公司净资产(E),在公司收益(R)稳定或者提升而净资产通过分红减少的情况下,公司 ROE 肯定上升,公司股价也会上涨。这是因为发达市场以机构投资者为主,机构投资者将 ROE 指数作为股票投资的标准之一。因此,无论以任何方式减少净资产,在 ROE 上升的时候,股价自然上升。例如,不缺现金的苹果公司近年来大多通过回购股份的方式降低净资产,提高 ROE,苹果公司总市值世界第一,超过了两万亿美元,反映其股价评价标准的股价与净利润倍数(PE)、股价与净资产倍数(PB)均大致在 40 倍上下浮动,对这个规模的公司来说,股价相对于净收益的倍数基本可以理解,而股价相对于净资产的倍数则高得惊人;公司减少净资产提升股价的同时,衡量公司经营能力的 ROE 也高得惊人:公司常态年份的净资产收益率大致在 50% 以上,有时候达到 90% 以上。苹果公司赚了太多的钱,如果留存在公司不分红(包括股份回购),其 ROE 肯定会持续降低,市场会给予负面评价。股份回购还有另一个对股价提升的同向加速或者共振的效果:回购导致股份减少,而公司因盈利能力稳定或者提升,股价与净利润倍数稳定,必然导致每股净利润、股价加速或者共振性上升;

提高股价,也意味着苹果公司股权融资能力超强,随便从市场(其实就是回购的库存股释放)就能拿到现金。

这里需要解释一下净资产收益率(ROE)和投资收益率(ROI)之间的关系。对部分中国企业家来说,虽然都学过数学,但是对数学在相对专业尤其是财务评价领域的运用则不太熟悉,也大概率不太清楚各类计算结果的特定含义以及它们相互之间的关系。虽然苹果公司的净资产收益率高达90%以上,但是对公司股东来说,最有价值的却是投资收益率。投资收益率的分母是股价,也就是股东从二级市场取得股票的成本,分子则与净资产收益率里面的"收益"相同(ROE中的"R")。在其股价最高峰时,苹果公司股东的投资收益率整整比净资产收益率低了差不多40倍;苹果的股价还在上涨,这不说明苹果股票的投资收益率低,而仅仅说明苹果公司的未来被追捧而已。

## 二、分红与ROE的关系

### (一)分红提升ROE

公司分红减少净资产,也可能同时减少总资产;也有公司分红减少净资产并不同时减少总资产。有些公司资本充足率高,在分红后,持续借入资金,此时分红没有减少资产,而仅仅减少了净资产;分红目的仅仅是减少净资产提高ROE比例;分红实质上减少了"贵的资金"(股东的钱)的使用而更多地使用了"便宜资金"(债务资金),减少高成本资金的使用比例,便宜资金越多,公司杠杆越大,利润越高。

不能把企业所得税这个因素拉进来,再用计算公式来说明为什么税后支付的股类资金的成本高于可以税前扣除利息的债类资金,这不仅太陈旧,而且不能让多数读者理解。况且,为照顾读者阅读习惯,一定要保持用文字描述数学计算过程的习惯,让所有读者都明白那些看起来复杂的专业问题,可以通过文字描述的数学计算过程来解决。

### (二)中国某银行分红提升 ROE 实例

近十年来,中国某大银行借入资金(吸储)的成本不到 3%(其实可能更低),而其统计的股东权益收益率(也就是净资产收益率,或者 ROE)超过了 10%,股息率也在 5%上下波动,股息率最高时曾经超过 7%。这充分说明股东的钱贵得惊人,而吸储的钱(借来的钱)非常便宜。这家银行股东的钱在实际成本支出的角度(也就是股息支出),比借来的钱要贵 1 倍以上。

但是,股东并不认账。资本市场数据显示这家银行的股东预期收益率超过了 16%。也就是说,资本市场投资人给这家银行股票价格的净利润倍数(PE)不到 6 倍。股东预期收益率高于净资产收益率的原因只有一个:这家公司股票的价格低于净资产价格,在收益(R)这个分子不变的情况下,分母发生变化,股东能够以低于净资产的价格买到这家公司的股票。这家银行的股东预期收益率高,不意味着这家公司被市场看好,也不意味着这家公司有投资价值,而仅仅说明资本市场并不看好这家公司的未来。这家银行分红虽然提高了 ROE,但是并未改变市场对该公司未来的态度。这家银行仍然继续分红的原因,可能是因为股东代表机构对 ROE 指标的看重,影响了这家大银行的股利政策,导致其常年分红。

### (三)轻资产或零资产领域,利润多用于分红

如果不是因为资本充足率或者资产负债率的红线,大公司肯定都希望更多地分红,更多地使用借入资金。大公司为了完成 ROE 指

标,通过现金分红来降低净资产占比成了一个标准动作和任务。

在轻资产或者零资产领域(轻资产或者零资产是指经营占用资金量小或者基本不占用资金的行业),税后利润没有必要留存于企业,习惯上也会将税后利润全部或者大部分用于分红。咨询行业习惯于将大部分税后利润用于分红,合伙人通常都是通过分红获得收益。

## 第三节　分红是企业家的逐渐退出方式

我们将分红定性为企业家逐渐退出的一种方式。从企业财务核算准则的角度来看,股东原始出资和历年未分配利润等,在资产负债表上构成股东权益的组成部分。如果采取账面基础法来确定企业股权价值,累积的净利润越多,股东权益越多,很多企业股东权益中利润占比超过了原始出资。企业拿出净利润一部分向股东分配,减少了股东权益中未分配利润的比例,让股东逐年获得其利益,其实质是实现了股东逐步退出。

### 一、将分红定位为退出方式是思维创新

创新思维一般在四个领域实现,包括创造新知识、利用新方法、采取新视角、将各类知识进行组合。我们已经说明,公司制度以其有限责任和减少交易成本的功能在其创立之初属于“创造新知识”,它引发了人类社会创业热情,在经营失败后不至于倾家荡产,还可以东山再起;在人文领域,虽穷尽所有潜能,很少有人具备创造这些量级新知识的能力;用跨学科方法理解法律问题属于新方法,笔者尝试在新方法上创新;从退出角度来看,分红属于新视角创

新,在新视角创新的基础上,与传统认知产生新组合,还会促成一系列认知提升。

将分红定性为一种退出方式,属于法学认知的一个新视角,主要体现在以下四个方面。

(一)股权劣后于其他权利,不分红对股东不利

因股东收益权劣后于其他权利主体,位次在任何普通债权人之后,公司有可分配利润但因各种主客观因素不分红的话,没有实现股东逐渐退出。一旦随后经营亏损,此前年份累积的所有可分配未分配利润必须作为偿债保障,很容易被侵蚀殆尽,股东权益逐步减少,原先本来可用于分配的未分配利润,将被用来弥补亏损(实质是被其他优先权主体拿走了),股东权益不复存在且再无权利索回,股东原有的预期利益随之消失。

(二)分红是将劣后的股权提升为优先的债权

如果公司将历年累积的可分配利润全部或者大部分用于红利分配,在此后年份亏损的情况下,因股东(对认缴出资实缴后)对公司债务不再承担责任,即便累积亏损大于股东权益,股东仍然不承担责任,股东已经获得的红利分配也不会被追回。也就是说,如果有利润不分配将来再亏损(这可能是不可避免的),股东将失去逐渐退出的机会;有利润后股东进行红利分配逐渐退出,将来再亏损而折本,股东无须退回已分配的红利,实际上是实现了部分退出。

(三)非现金股利(红股)不改变股东权益的劣后性质

法律意义上的分红,还包括红股,也就是以向股东分配股份的形式分发红利。很多企业着眼于未来,将历年累积净利润以红股方式分配给存量股东,也就是法律意义上来看是增加了名义注册资本。前述案例中的那家宽带公司就是这样做的。它的注册资本从

原始出资 100 万元。基础上增加数次，最后达到了 6000 万元，这其中的一部分其实来源于可分配利润，公司将部分可分配利润转变成了注册资本，股东在注册资本（在中国，注册资本就是股东的认缴出资）范围内对公司债务承担责任。用可分配利润增加注册资本，其实质是将存量股东可以分配的利益永久性地留存在了公司，除非通过减少注册资本方式（我们知道，任何一个持续经营的公司都不太可能减少注册资本，注册资本减少的先决条件是对债权人清偿或者担保，债权人在获得清偿或者充足担保之前有权利否决减资），存量股东不能再抽走已转为注册资本的可分配利润。从上述分析来看，除非增加注册资本是必要的（如为了上市最低注册资本要求），否则尽量不要通过红股方式分红，这是一种将股东再次套牢的方式。

（四）现金股利不影响企业估值

分红实质上并不降低企业的估值水准。我们确信，公司的股权价值就是公司未来永续利润的现值。任何有基本投资估值逻辑的机构，都不会按照企业账面资产给被投企业估值。从这个角度来看，在国资退出管理领域和股权司法处置程序中，主要以账面资产为基础对标的企业股权进行评估，似乎是资本时代的估值另类。一宗以账面净资产为计价逻辑的国企股权公开转让标的，只有其内部人才真正懂得其真实价值（真实价值就是标的企业未来创造利润的能力），如果无人问津，就说明企业股权价值不高。在股权私募市场的角度来看，分红仅仅减少了企业账面现金，减少了净资产额度，企业估值的逻辑基础并不改变；相反，从现金分红提高 ROE 的角度来看，还可能增加市场对其估值的预期。

## 二、如果宽带公司选择分红

从前述案例中宽带公司的公开信息表明,宽带公司在 2014 年账面累计的股东权益超过 2 亿元,超过半数属于可分配利润(超过了 1 亿元);除了“法定盈余公积金”[1]不可分配外,其他都可以用来分配。如前所述,这家公司其实还通过留存收益转增方式增加注册资本,部分增资通过红股方式落实,其实这些钱大多是十几年以来通过留存收益积累的。

如果时光可以倒流,是否可以重新思考这个问题?它可以将 50%或者更多可分配利润,也就是合计超过 1 亿元用于现金分红;对于企业资金短缺问题,公司可以采取向股东债务融资的方式,在决定分红后无须向股东实际支付红利,股东以贷款方式出借给公司继续使用,并按照公允利率计价给股东支付利息。我们知道,向股东尤其是作为员工的股东借贷,并不违反金融监管法律。十几年下来,在不影响公司经营所用资金情况下,股东几乎可以获得额外的、以亿元计的本金加利息收入,假定利率按照通常市场价格年化复利 10%(利息不实际支付继续滚动存入的效果就是复利),此时,股东也同样获得了陆续退出的机会。

庆幸的是,这家宽带公司后来以未来收益法作价被上市公司关联方收购,基本完成业绩承诺,股东已经落袋为安;可惜的是,如果这家公司历年实施分红且被上市公司收购,股东岂不是在股权对价

---

[1] 按照《公司法》规定,公司分配当年税后利润时,应当提取利润的 10%列入公司法定公积金。公司法定公积金累计额为公司注册资本的 50%以上的,可以不再提取。已经提取的盈余公积金不能分配给股东。

之外又获得了意外之喜?! 我们已经知道,这家公司是以未来收益法被收购的,账面净资产多寡不影响对公司估值;后怕的是,如果大运营商在宽带领域的惨烈竞争早开始几年,宽带公司被上市公司收购将成为不可能,同时宽带公司也未能通过分红逐渐退出,在宽带公司巨额亏损侵蚀掉此前全部可分配而未分配利润的情况下,创业20年,最终岂不是两手空执相看泪眼?

### 三、现金分红与企业资金短缺冲突解决方案:股东贷款

存量股东既可以作为公司股权融资来源方,将税后利润以留存收益方式长期留在资产负债表右横线下方,构成股东权益组成部分;从退出收益兑现和风控的角度出发,股东当然也可以成为公司债权人,以股东贷款方式将分配后的红利留存于公司,把大部分留存收益提到资产负债表右横线上方,即以“应付股利”或者“应付借款”方式计为对股东的负债。

从前述宽带公司案例来说,自然人股东从公司实际分配的红利,应按照20%税率缴纳个人所得税,这当然是一个现实支付压力;税款无小事,《刑法》中的涉税罪名繁多且门槛很低,从绝对值(偷税总金额)和相对值(偷税金额占应纳税总额的比例)两个角度定性,可谓疏而不漏;任何人有应税收入,都有纳税义务,天经地义不可避免,这无须多谈;单纯从递延纳税义务的角度,税法也存在合法节税渠道:自然人股东可以通过一个法人机构间接持有经营实体股权,法人股东从另一个法人分配的现金股利依照税法无须纳税,直至在法人股东层面向最终的自然人股东实际分配。

# 第四节　分红与两只“黑天鹅”

在筹划任何一个持续经营项目的时候,不仅要考虑所有应考虑的事项,而且还必须预留充分的策略空间,从而在不期而遇的“黑天鹅”降临的时候,应对有序;任何一个被称为事业的项目,如果同时飞来两只“黑天鹅”,观察得出的经验会告诉我们,如策略没有冗余或者冗余空间有限,项目大多会以失败告终。在确定企业家退出战略时,两只“黑天鹅”有可能同时到来,是我们不得不思考的重大课题。

“黑天鹅”是被界定为能够产生重大不利影响且很难被预测的意外事件;我们很难预估哪怕其中任何一只“黑天鹅”,即便隐隐约约知道它可能发生,但也不知道它何时会发生,在它发生后虽然可以被理性地解释,但最终也无法被接受,它最终还是发生了。笔者确信基于经验的判断正确:当一个事业遇到连续两只以上“黑天鹅”,大多会导致事业最终失败。

## 一、企业扩张中的内部与外部压力

在企业规模扩张时,面对来自内部和外部两个方面的反向阻力。来自内部的阻力已经很清楚,它始终客观存在,任何人都无法改变,企业家的自身能力缺陷绝无可能避免;基于企业扩张必然产生的经营过失以及层级制管理效应递减、成本增加,如影随形,任何利用人力才能达成的事业,都同时面临来自人的阻力;人人都是如此,包括企业家自己,他们的理性决定了他们的行为方式。来自外部的阻力,就像一个充气中的球体,企业生存环境存在类似的压力,任何其他外部利益相关方、竞争主体都是外部环境,竞争对手希望你的空间越来越小,他们的生存空间就会越来越大。

## 二、宽带公司:两只“黑天鹅”

“黑天鹅”也是来自内部和外部两端。内部主要来自企业家自己和企业核心层;外部主要来自利益相关方,包括企业家的各类社会关系、政府、社区、竞争对手、资本世界及客观世界。

前述案例中宽带公司近年来遭遇的最大一只“黑天鹅”事件是战略调整失当,宽带公司决策者具备毋庸置疑的超强战略搜寻能力,否则,他不会将企业做到如此规模,宽带公司创始人是真正意义上的企业家,而企业家都有自身无法突破和克服的“瓶颈”;当宽带公司被上市公司收购具备充足的债务融资能力后,它悄悄地未经充分讨论也未经书面化,将其“高效社区服务体系”差异化战略实施了全面规模扩张战略,开始迅速扩大经营区域。

如果没有第二只“黑天鹅”事件,宽带公司仅仅会在新拓展区域内缓慢发展产生一定额度亏损,不会伤筋动骨,接着遭遇的第二只“黑天鹅”事件是大运营商的竞争策略的调整,把费率调整到完全覆盖宽带公司的定价区间。如果没有第一只“黑天鹅”,宽带公司可以在大运营商竞争战略调整后适度调整商业模式,保持最具核心优势的区域不亏损或者略微亏损,通过代维大运营商社区宽带服务获得生存发展机会。

两只“黑天鹅”事件共振,将宽带公司打入深渊。在本书研究过程中,另一家规模更大的民营上市宽带运营商已以超低价格将其历史成本数十亿元的宽带资产处置掉,至此,在社区宽带行业,大部分中小企业已经因两只以上“黑天鹅”事件叠加共振(盲目扩张、大运营商降低费率），失去竞争能力。

### 三、餐饮连锁机构：两只待飞的"黑天鹅"

前文所述的那家餐饮连锁机构最大优势在于大股东丰富的行业管理经验，团队能够快速给诸多微型机构赋能，通过主要以换股加少量现金方式将这些固定收入替代品的微型餐饮机构收编旗下；而其最大劣势也是时间，这些被收购的本来没有能力将企业做大做强、固定收入替代品的经营主体的实控人，期待在被赋能后快速实现财富增值变现，从这个角度来说，兑现过分延迟于预期时间，就像告诉迦百农那些"愚蠢"的渔民卖掉全部家当才能在"末日"到来时候位列天宫享受生活的耶稣一样，"末日"迟迟未到，耶稣必须作出选择，或者就此沉沦为普通人销声匿迹被人讥笑，或者去耶路撒冷这个犹太教中心赴死，或者到了耶路撒冷也可以临阵退却，成为寂寂无闻的"京漂"衣食无着颠沛流离，别无退路。兑现的日子迟迟未到，可能就是这家餐饮连锁机构需要面对的一个"黑天鹅"。在兑现的日子越来越远的时候，它的商业逻辑能否持续被专业投资机构认可，且实质上能否战胜竞争对手，餐饮连锁市场的转化率能否如期增加，则是另一个可能存在的"黑天鹅"。预言没有依据不足为信，只有那一天真地到来，我们才能感知到。

通过分红方式将历年累积净利润逐步兑现，实现逐渐退出的同时保留其他退出的机会，对每一个创业者来说，都是有必要深入思考的一个选项。

# 第四章

# 并购退出的利益分配机制

并购退出交易具备相对性，监管逻辑与首次公开发行并上市不同；并购退出能给上市公司带来流动性补偿收益；并购退出不减损所在地政府的利益；员工利益在并购退出时不受损或者受损可以依法获得补偿；不良的并购退出交易结构可能给企业家带来损失；并购退出应搭建和实现“有人受益，无人受损”的“帕累托最优”分配机制。

# 第一节　上市退出与并购退出

中小企业家的主动退出,包括分红逐渐退出、并购退出及上市退出。

在现阶段中国,市场行情随时都在变化,在2021年年初开始,获得首次公开发行核准或者注册的拟上市企业出现了认购率不高、估值明显偏低的问题,但是,中小企业上市仍然是对企业家创新、勤奋、规范经营、自控隐忍、坚持的一种有效的奖励机制;企业家通过企业上市获得了股份流通的机会,具备了在资本市场退出的可能性;在企业成功的同时,企业家个人也取得了退出的可能性;那些通过上市通道实现退出的企业家,意味着成功地完成了创业目标。

## 一、民营企业上市——弱化融资功能,回归退出属性

民营中小企业上市的本质属性或者本质功能就是企业家退出。很多人把上市之前的首次公开发行股票与上市混为一谈。其实,上市就是上市,按照上市制度的初衷,任何企业无须公开发行即可申请上市,上市之前的首次公开发行股票,是为了满足上市的公众性(交易所要求的股东人数)要求。因此,在现阶段,大多数企业上市与首次公开发行同步进行。很多民营中小企业在首次公开发行股票之前早已打通了股权和债务融资通道,上市首次公开发行募集资金,早已经不是这些企业的必需品。同时,从另一个角度来看,很多普通或者低品质的已上市企业通过股份增发融资则存在重重困难,而很多优秀的非上市企业却被私募股权投资机构追捧,私募估值水平(如市盈率)并不低于上市企业。这说明,上市融资与私募融

资从融资方对资本的吸引程度来说并无区别,优秀企业在不上市的情况下,股权融资畅通无阻,普通或者低品质企业即便已经上市,增发股票融资也很困难。

从上市核准标准的演变来看,中国资本市场已经回归到其退出的本质属性。目前,很多拟上市企业有息负债率低于10%,总负债率不超过20%。绝对不差钱,这已经不再是上市核准的障碍,上市的真实目的就是获得股权的流动性。这与20多年前(2000年前后)的上市审核态度不一样。那个时候,如果拟上市企业资产负债率过低,上市就可能存在障碍,还在强调上市的融资功能。因此,目前中国企业上市已经回归到其本质上的退出属性。

## 二、企业上市的两个核心标准——合规性和可持续盈利能力

上市审查的两个核心包括拟上市企业的合规性和可持续盈利能力。这里的合规性,主要是合规运营及不存在严重违法违规行为,合规性代表了对“公平”价值的追求;可持续盈利能力,也包括财务核算和依法纳税等合规性要求,是审核企业家合规整合各类资源的能力,代表了企业对“效率”价值的追求。

### (一)合规性审查

衡量“公平”也就是衡量合规性的尺度是法治和社会普遍的认知,测量标准是法律规则和公众承受的底线,不公平的事情往往受到民众关注。在预期市值超万亿元的某互联网科技企业上市审核中,引起诸多批评,公平问题触及舆情底线,“一家富贵千家怨”的效果在这家企业上市时表现得淋漓尽致,导致其经营合规性成为金融监管部门审核的重点,因其经营环境发生了较大的变化,初步审核结果是暂缓上市,舆潮渐退。

(二)可持续盈利能力审查

一家企业经营管理的效率如何,具体表现为其多年来的市场占有率、经营规模、资产收益率、净资产收益率、毛利率、销售利润率等的绝对值以及这些数据在行业的位次(相对数据),这些数据过分高于行业平均值,不一定是好事。这些数据过分低于行业平均值,则肯定不是好事。

(三)中小企业未能成功上市的原因

一家企业之所以没有上市或者上市申请被否决,一般认为是因为其经营规模太小、可持续盈利能力不足。其实,对于很多中小企业来说,之所以没有上市,大部分存在可持续盈利能力不足,小部分存在合规性不足,当然还有其他主客观原因。而对于有一定经营规模和盈利能力的中小企业,之所以没有成功上市,核心原因在于合规性不足。

## 三、并购退出的合规性和可持续盈利能力审查

中小企业并购退出与其首次公开发行股票并上市的合规性审核逻辑不一样。那些具备一定盈利能力,合规性可能稍弱的中小企业股东将股权出售给上市公司,本质上并不意味着并购退出对标的企业的合规性要求降低了,而是因为交易逻辑不一样。

(一)上市具备公众性,交易主体不特定

首次公开发行股票并上市的拟上市企业向社会公众出售股权,面对的是不特定的众多理解能力各异的普通投资人,而监管规则的通常标准倾向于照顾那些理解能力和风险承受能力最低的群体。首次公开发行股票并上市涉及社会公共利益,具备公众性、对世性;首次公开发行股票并上市重点审核拟上市企业的合规性和可

持续盈利能力的双重指标,是让监管部门和专业机构承担稳定市场秩序的他律和自律角色。任何一家拟上市企业的首发申请都需要经过重重审核,目的在于保护公共利益,很多企业因此而折戟资本市场。

(二)并购退出具备相对性,交易主体特定

上市公司通过发行股份(作为对价支付手段)或现金收购非上市企业股权,股东大会的收购决策是基于公司章程的授权。无论上市公司股东人数多寡,是数千人还是数万人,都可以通过方便的通道表达其意愿,决定对某一家非上市企业股权的收购,是一种依据法律和公司章程以"资本多数"原则确定的投资行为;资本多数原则是现代资本市场的基本制度,以持有股份的多寡对公司的重大决策产生影响力;同时,收购的外观形式表现为上市公司作为一个单一主体与标的企业股东之间的《股权转让合同》这一相对性交易,交易主体相对,监管机构不宜过多介入。因此,并购退出不涉及社会公共利益,其交易主体具备相对性、非公众性。

综上所述,并购是一个市场行为,是上市公司自身通过市场化标准审核非上市企业的合规性和可持续盈利能力。作为收购方的上市公司以及被收购方的中小企业股东,其收购能力和退出能力,将事实上影响标的企业的质量、收购价格和其他重要交易条款。

## 第二节　并购退出对上市公司的流动性补偿

上市公司收购非上市企业股权,大部分以上市公司增发股票的方式支付,少部分以现金方式支付,在收购股权作价中,充分体现出了对上市公司的流动性补偿。

## 一、企业并购退出能够给上市公司带来流动性补偿

### (一)流动性补偿

2021年1月22日上海证券交易所(以下简称上交所)主板A股平均市盈率(也就是上市公司的总市值与其净利润的倍数关系)近17倍,科创板平均市盈率98倍;[1]深圳证券交易所(以下简称深交所)主板平均市盈率22倍,中小板平均市盈率近38倍,创业板平均市盈率70倍。[2]

近年来,沪、深两市上市公司发起对非上市企业股权收购估值的平均净利润倍数区间在7~20倍,中位数在11~16倍;相对于上交所主板A股来说,其净利润倍数相当于上市公司的估值净利润倍数(折扣率)大致在70%;相对于上交所科创板来说,折扣率是12%;相对于深交所主板来说,折扣率是55%;相对于深交所中小板,折扣率是32%;相对于创业板来说,折扣率是17%。这个折扣率,可以理解为上市公司购买非上市企业1元的利润,相对于自己的股价来说,仅仅支付了12%~70%的对价,其对价节约的部分,就是非上市的标的企业股东给予上市公司及其股东的流动性补偿。

流动性补偿是对金融产品,尤其是对货币或者类货币产品,根据其风险程度定价的一个基本依据。金融产品的价格,形式上表现

---

〔1〕 参见上交所主板A股及科创板平均市盈率,载上海证券交易所官网,http://www.sse.com.cn/market/stockdata/overview/day/,最后访问时间:2021年2月12日。

〔2〕 参见深交所主板、中小板、创业板平均市盈率,载深圳证券交易所官网,http://www.szse.cn/market/stock/indicator/index.html,最后访问时间:2021年2月12日。

为利率或者相对利率差。上市的股权尤其是在中国A股上市的股权,因公开市场具备充分的发现价格功能,其流动性风险比较低。任何国家或地区的非上市企业的股权,相对于上市公司股票来说,流动性都比较差的。同等盈利能力的非上市企业的估值水平普遍低于已上市企业,其差额部分是非上市企业股东对股权受让方(上市公司)的流动性补偿。

(二)中国A股市场与西方发达资本市场的流动性补偿比较

在西方发达资本市场,该补偿费率大致相当于交易价格的30%~50%。也就是说,一家企业上市后,其股价增值额度在30%~50%。

统计数据表明,在中国A股市场,一家公司上市后其股价相对于其私募价格上升幅度在30%~700%。流动性补偿的下限与发达资本市场的下限基本相同,流动性补偿的上限因科创板或者创业板股票的稀缺性,导致其流动性补偿在目前阶段离散于常规数据之外,这不是常态数据。随着科创板及创业板公司股票供应量升高,股票供求平衡,其估值倍数必将下降。假以时日,一家同等盈利能力的非上市企业的估值水平与上市企业估值水平的差额,将与发达国家市场持平,也就是差额在30%~50%,少数离散非常规数据除外。

(三)"消费者剩余"

在并购退出的利益分配机制中,中国A股上市公司按照净利润倍数中位数11~16倍,对收购非上市企业股权进行估值,也就是按照并购业绩承诺协议约定的业绩承诺期(通常是3年)平均净利润的11~16倍对给上市企业估值,非上市企业股东给上市公司及其股东带来的流动性补偿增值空间大致在30%以上。在管理学上,这个增值空间被称为"消费者剩余",是商品出售方给购买方(消费者)带来的价值;在收购非上市企业股权交易中,“消费者”就是作为收购方的上市公司。

上述分析可见,企业家将非上市企业股权出售给上市公司,能够给上市公司及其股东带来流动性补偿价值。

## 二、流动性补偿的市场表现

(一)并购交割前上市公司股价上升

在一个上市公司披露将要收购同行业或者相关行业非上市企业的信息后,如无意外,通常情况上市公司的股价会上升。交易仅在计划中,收购能否如期交割尚存不确定性,上市公司股价应声而上,其逻辑在于股价是未来永续收益的现值,对股价追逐盈利的竞争(证券期货投资机构的盈利空间),也是信息的战争。

(二)并购交割后上市公司股价不一定继续上升

很多上市公司完成收购交割后,其股价并未再次上升甚至下降的事实表明,所谓作为被收购方的非上市企业股东给予上市公司及其股东的流动性补偿,并不一定被市场直观地表现出来,或者被市场同步表现出来。如果有一家公司披露将要收购一家非上市企业股权,其股价应声而下,也可能仅仅说明:上市公司估值水平已经足够高,收购这家企业,不足以弥补市场预期和实际估值之间的差距,或者这个收购本身的决策本来就不被市场认可。

(三)已经突破企业边界的上市公司,收购信息不会带来股价上升

有一种情况几乎被多数人忽略,很少被提及。如果一家上市公司管理不善,或者其企业规模已经超过管理能力边界,再次收购不会提升上市公司的经营效益,而且有可能给上市公司带来损害。果真如此,这些上市公司的任何收购信息,都不会带来股价的上升,反

而可能会导致股价的下降。

（四）反向收购大多会导致股价上升

只有“反向收购”这一种情况才可能会改变已经收购失效的上市公司的股价升降逻辑。“反向收购”表象上还是上市公司对一家非上市企业的收购，与普通收购不同的是，“反向收购”完成后，作为收购标的的非上市企业成为上市公司的子公司，而标的企业的股东则成为上市公司的新控股股东。“反向收购”会导致濒临困境的上市公司股价上升，是市场对新控股股东经营管理能力的一个预期。

## 第三节　并购退出对标的企业所在地政府的利益补偿

作为企业生存发展的必要环境，标的企业所在地政府是并购退出中必须考虑的第二个利益相关方，它的利益不得不慎重对待。企业家一次性并购退出，必须充分评估和尽可能避免并购退出对标的企业所在地政府的不利影响。

### 一、并购交易中涉及标的企业所在地政府的三类利益

标的企业所在地政府的利益有三类，首先是社会公共利益，需要从维护政府执政能力的高度和角度来思考并购退出中涉及的群众利益、社会稳定大局；其次在于有意识涵养标的企业这个税源，不能让其有任何枯减可能；最后，尽可能将一次性汇算缴纳的并购退出个人所得税源引流到企业所在地缴纳，给企业所在地政府带来增量税收。维护标的企业所在地政府的利益，就是维护并购退出方的自身利益。此种情况下，任何并购退出均能获得所在地政府的认可和支持。

## 二、案例：某地产并购退出项目中所涉及的政府利益

### （一）社会稳定是标的企业所在地政府的最大利益

某地产并购退出项目，在克服所有困难、消除重重交易障碍后，并购退出方最终面对两家竞购方，并购退出进入收购方比选阶段。并购退出方比选收购方的核心因素，主要考虑其有无推进项目建设的充分能力。最终确定的收购方，其实际控制人在业界具备一定影响力，诚信经营，心存高远，热心公益事业，并且收购方在当地已有两个成功开发的项目，效果良好，其中一个是商业综合体项目，体量巨大，是市民购物休闲的打卡地，另一个旅游项目与当地历史文化传统高度匹配，因此获得当地政府的高度认可。

这个地产并购退出项目涉及并购金额大，部分转让款有一年账期，极端情况下，如因接盘方实力弱导致项目烂尾，不仅会带来不良社会影响，而且后续转让款也存在巨大风险；按照土地出让合同约定，项目公司需将20多万平方米回迁房建成后免费交付给政府安置回迁群众，这构成土地实质成本的组成部分；项目因此涉及两千多个回迁群众利益，群众利益无小事，群众利益容不得半点糊弄和拖延，群众利益就是社会公共利益，是事关一方社会稳定发展的最重大利益。如接盘方不具备充分开发实力，涉及政府承诺事项不能及时落地，还会加大当地政府相关协调工作的难度。收购方比选不是可有可无，而是必要程序。很多并购退出纠纷，主因在于未充分考察收购方的资信状况，项目烂尾、并购纠纷，支付购房款的群众收不到房子，涉及社会稳定大局，政府被动介入处理，严重危害企业所在地政府的正当利益，所以必须万分慎重。

（二）并购交易给当地政府新增税收、稳定税源

这个地产并购退出项目，项目公司的自然人股东合并获得数千万的股权投资收益，项目公司所在地政府可按照资产转让个人所得税20%税率一次性收取一千多万元的税款。对一个非上市企业并购退出项目来说，这是项目所在地或者持股平台公司所在地政府的意外之喜。同时，项目并购退出，均系股权转让方式，完成并购交割后，项目公司作为增值税、所得税的税源不会恶化，而且，在新股东赋能情况下，税源还会越发充沛。

## 第四节　并购退出对标的企业核心员工的利益补偿

### 一、一条自然法规则

2016年一宗并购退出纠纷案件，揭示了企业家并购退出与标的企业员工之间的核心关系。通过这个案子，笔者领悟和发现了一个深藏不露、但很可能会普遍适用的自然法规则：“并购退出中，如有业绩承诺，并购退出方须考虑员工利益；否则，将会给自己造成损失。”

### 二、案例：某炊具公司并购退出离职员工的利益补偿

标的企业的产品是普通炊具，产品以代销为主、包销为辅，业务员将炊具托运到分销商处，由分销商售出后再补货，货款在货物售出后大多由销售员个人收取，再通过销售员个人交给标的企业监管的账户；销售渠道以私人感情为纽带维系，渠道信息全部掌握在销售员个人手中，每一个销售员把控数十个分销商，销售员离职，则分

销商消失,赊销的货款回收无望,营业收入断崖式下降。据了解,这些离职业务员加盟了另一家生产相同炊具产品的企业。

离职销售员带走渠道信息加盟同行企业与原单位竞争,当然可能涉嫌不正当竞争,其相关责任构成与否不属于本书讨论范围。但是,从客观立场,也不能说这些离职业务员非理性,存在重大道义缺陷。在企业重大变革时候(如并购退出),个人经济利益是员工不得不考虑的问题。案例中这家炊具公司的原股东,只是给予总经理一个人现金奖励,其他员工分文皆无;员工离职导致业绩不能完成,数千万元的股权转让权请求被仲裁机构驳回。如没有亲身经历,这个教训是无法被感悟到的:并购退出中,如有业绩承诺,并购退出方需要考虑员工利益,否则,将会给自己造成损失。这是企业家在出售企业时的一个可能会普遍适用的自然法规则。

如企业家在并购退出中实施激励措施,核心员工将获得额外利益;但是,核心员工没有获得额外的预期利益,其利益并未获得实质损害。也就是说,并购退出涉及员工利益,并未因并购退出而受损,只是可能因并购退出而额外获益。

## 第五节 “帕累托最优”与并购退出利益补偿机制

并购退出涉及的第四个利益主体也是最大利益相关方,是标的企业原控股股东,是我们本书的主角,那些为兑现财富而并购退出的中小企业实际控制人。

中小企业的实际控制人或者控股股东是并购退出的最大受益者和风险承受者,在并购退出环节,企业家是并购事宜的动议者和推动者。推动并购的企业家已经思考完成,决定退出而不是继续断守;决定以并购方式退出,而不是通过上市退出。

## 一、"帕累托最优"

意大利现代经济学家维尔弗雷多·帕累托(Vilfredo Pareto)(1848年7月15日至1923年8月19日)发现了管理学中利益分配最优的理想状态,被称为"帕累托最优",它是指资源分配的最理想状态,固有的一群人和特定的可分配资源,从一种分配状态到另一种分配状态变化中,在没有使任何一个人境况变坏的情况下,使至少一个人变得更好。进一步说,对一个社会,或者一个企业,以及任何组织,任何重新分配利益的改革,都需要尽可能地追求一种接近帕累托最优的状态,也就是某种涉及利益分配的改革需要尽最大可能达到:有人受益,但无人受损;或者,如果有人受损,能够得到补偿。[1]

## 二、收购方、标的企业所在地政府、员工的利益不会受损

### (一)收购方利益

收购方发行股份购买非上市企业股权控股权,达到并表标的企业利润的收购目的,收购方首先获得了流动性补偿利益,这已经在本章前面阐述清楚;同时,收购方再通过业绩承诺补偿这一股价调整机制,在标的企业不能完成承诺业绩情况下获得补偿;并且,根据收购合同安排,收购方通常还可以在标的企业权益资产期末减值测试中获得额外的权益类资产减值补偿(这里的权益类资产,是指收

---

〔1〕 参见[意]维尔弗雷多·帕累托:《普通社会学纲要》,田时纲译,社会科学文献出版社2016年版,"译序"第19~20页。

购方通过收购方式获得股权类资产)。根据中国 A 股市场收购的制度性或者习惯性交易安排,在并购退出的时候,收购方的利益不会受损。

(二)标的企业所在地政府利益

标的企业所在地政府一般不会受损,最大的可能是可以获得意外的个人所得税收入(如果标的企业的自然人股东未做其他节税安排,直接持有标的企业股权的话),这些在企业正常经营范围外的额外税收,对于北京、上海这类城市来说无足轻重,但对于一个中小规模的城市来说,则属于意外之喜。自然人股东将按照增值额的 20% 向当地政府交纳资产转让个人所得税;[1]同时,因收购方的实力更强,被收购后的标的企业的税源不仅未枯损,而且还会更加丰沛。在企业家并购退出环节,标的企业所在地政府没有受损,还可能获得收益。

(三)标的企业核心员工利益

并购退出利益分配涉及的第三方利益,也就是员工,情况稍显复杂。虽然在并购退出环节存在一个可能会普遍适用的自然法规则,并购退出如遇业绩承诺,并购退出方需要考虑核心员工利益,否则,退出方将受到损失。但是,经验观察可知,在并购退出环节,能够考虑核心员工利益的企业家占比并不高,这也可能是中国资本市

---

〔1〕 股权转让个人所得税税率是 20%,应税所得是转让所得减去历史投资成本。参见《个人所得税法》第 3 条第 3 项规定:“利息、股息、红利所得,财产租赁所得,财产转让所得和偶然所得,适用比例税率,税率为百分之二十。”及第 6 条第 1 款第 5 项规定:“财产转让所得,以转让财产的收入额减除财产原值和合理费用后的余额,为应纳税所得额。”以及《个人所得税法实施条例》第 16 条规定:“个人所得税法第六条第一款第五项规定的财产原值,按照下列方法确定:(一)有价证券,为买入价以及买入时按照规定交纳的有关费用……”

场并购业绩承诺达标率不高、纠纷率居高不下的潜在原因之一。但无论如何,员工在并购退出时的利益并没有受损,或者说如果受损,将会依法获得公允性补偿。某地产并购退出案件中,标的企业部分核心员工未能保住工作,但是,他们最终依法从标的企业或者原控股股东处获得了公允性补偿。也就是说,并购退出环节,员工利益没有受损,如果受损,可以依法获得补偿。

### 三、标的企业原控股股东:并购退出中最大受益者和风险承受者

#### (一)企业家并购退出,将非上市公司股权兑换为现金或上市公司股票

并购退出中涉及的企业家利益最为复杂。从收购合同交易价格来看,几乎所有人认为标的企业原控股股东是并购退出的最大利益获得者;中国 A 股上市公司收购实践表明,标的企业平均 11~16 倍的净利润倍数的估值、平均数亿元的交易金额大部分进入了并购退出的企业家口袋。

但是,企业家并购退出,不过是一项资产形态的变化而已,非上市企业股权虽然不具有流动性,其私募市场估值水平大致如此,上市公司收购非上市企业股权,只是将非上市非流动股权变成了现金或者上市公司股票而已。

#### (二)股价动态调减机制

"股份动态调减机制"就是所谓业绩承诺补偿,其实质就是一个股权转让价款随着承诺业绩完成情况进行动态调减的机制。也就是说,股权随着业绩承诺期间业绩完成情况而变化调整。在本章前述炊具公司收购案中,被收购方具备 55% 首付价款不予调整的利益安排(这已经极为少见),仅根据业绩承诺期间利润实现情况调减后

面的45%价款;大多数业绩承诺补偿,则会包含对全部转让价款的调整。

(三)股价调减机制的共振效应

上市公司发行股份购买非上市企业控股股权,标的企业原控股股东获得的对价是上市公司的股份而非现金,而股票会随着市场行情波动。优质企业或者高成长行业,其股价大致稳定或者上扬,普通企业或者高竞争行业企业,其股价难言稳定,很多上市公司股价在几年间有几倍波动空间。有些并购纠纷案件中,存在将全部转让价款全部赔付也不足以覆盖业绩对赌补偿款的情况,这大多数是对企业家十分不利的交易结构导致的。大部分或者全部不能实现承诺业绩的并购退出案件已不鲜见,有些时候,被收购方需要向收购方提供大部分或者全部交易价款的现金补偿,而其当年获得的转让价款(股票),已经降低了几倍。因出售企业股权业绩补偿而负债累累的企业家,时有耳闻。

(四)并购退出中"帕累托最优"的异化

动议和推动并购退出这一利益分配新格局的企业家,看似是并购退出交易的最大受益者,但是在一些情况下,事实上成了并购退出的受损者。并购退出"有人受益",通常显而易见是指企业家受益;并购退出"无人受损",一般是指收购方、政府和员工等其他利益相关方"无人受损"。但是,完成论证和分析后发现:并购退出环节"有人受益",其实是收购方肯定受益,它在交易结构中无一例外地获得了流动性风险补偿利益;政府存在可能的利益,员工不受损或者受损将依法获得补偿;如果有人受损,则可能是企业家因为不利的交易结构受损。这种情况下,将无法判定并购退出是否能达到"帕累托最优"的利益分配目标。

## 四、并购退出咨询行业任重道远

根据监管要求和市场习惯，中国A股市场收购大多数情况下并购双方均聘请咨询律师，收购方则独立聘请审计机构；只有较大规模构成“重大资产重组”的情况，收购方才聘请独立财务顾问机构按照规定出具重组收购报告。中介机构向委托人出售服务，一般来说这个出售过程是买方市场，也就是中介机构处于被动，处于弱势，而服务购买方处于强势。其结果是审计、咨询费用被压价竞争，品牌中介机构也不能免俗，其工作成效大打折扣。

律师在并购中为出售方提供的工作主要分成三类：并购咨询、交割后的并购退出管理和并购纠纷解决。一个并购事项，并购咨询是创造价值的过程，并购咨询必然从标的企业股东的需求开始，就并购涉及的理念、规划、消除交易障碍、方案、交易模式及结构等为客户输送价值；交割后的并购退出管理作为创新型业务，以文档管理、专项事务管理、纠纷管理为内容，保驾护航；纠纷解决的核心目标是降低赔付额度，其基础来自并购咨询和并购退出管理的工作成效，包括纠纷的协商和纠纷案件代理。三类工作环环相扣，步步为营。很多纠纷解决案件，常态情况是案件资料不全需要补正，企业家在交割之后将交易文件束之高阁，交易文件的实质内涵则很少被讨论和被充分理解，交割后随意签署文件和回函，最后在纠纷解决程序中被牢牢束缚。

在并购退出中，核心工作是搭建和实现“有人受益，无人受损”的合理交易结构，尤其对创新创业为社会贡献良多的企业家来说，并购退出因其而启动，绝不能因不利的交易结构，让其遭受损失。并购咨询行业任重道远。

# 第五章

# 并购退出的战略

“小而弱”的中小企业不会成为资本市场上市的主流，只能成为资本市场的辅助和补充；并购退出应长期规划、机动灵活；并购退出规划应严格保密；并购退出员工激励不应过度，而且应安排企业家与员工激励共进退。经营成果是并购退出的基础；中国A股市场将长期保持上市实质性审核制度，且上市公司估值水准将趋于正常；并购退出战略应根据变化情况随时调整。

# 第一节 并购退出的战略规划

## 一、并购退出战略

“战略”一词已在各种场合被使用,如企业竞争战略、发展战略等,[1]但很少有人将战略用于“并购退出”。很多人自然认为,并购退出属于战术问题,上升不到战略高度,企业家并购退出时,聘请顾问提供咨询服务完成交易就可以了,没有必要从战略高度去理解它。这些说法似是而非,但为了精准地理解并购退出战略的内涵,有必要稍加分析。

(一)“战”

“战”是战争、战役或者战斗,战争是“战”的总体,战役或者战斗是指“战”的分支或者细支;并购退出场景下的“战”是中小企业企业家在明晰自己所处的竞争态势后,在无所不用其极的财富战场上的竞争行为;并购退出战争、战役或者战斗对手方包括企业家自己、收购方、企业所在地方政府、同类企业及其大股东、本企业核心员工等,这是一个用现代人文理念、显性法律规则、自然法规则和专业技能带动的兑现企业家财富的专业管理行为,是一场不流血不见硝烟的“战争”;并购退出之战起始于企业创业期、发展期,终止于企业家并购交割或者企业破产出清。并购退出交割及其后,基本问题均属

---

[1] 迈克尔·波特对战略的描述为:战略就是形成一套独特的运营活动,去创建一个价值独特的定位;战略就是在竞争中做出取舍,战略的本质就是选择不做哪些事情;战略就是在企业的各项运营活动之间建立配称。参见[美]迈克尔·波特:《什么是战略》,载《哈佛商业评论》1996年11~12月号。

于战术层面的,意味着战略上获得成功;企业破产出清,不再可能成为并购标的,意味着经营失败或者并购退出战略失败。并购退出之战的胜利者及其伙伴将获得预期战利品,企业家是这个战争的最高领袖或者最高指挥官,也是战争胜利的最大受益者和失败的最大受损者,律师或其他顾问是“参谋长”或者“司令官”,企业拥有的资源或者利润是并购退出之战的“士兵”“武器弹药”。多数企业家不知有此“战”,当然不知何时开战、如何去战、如何取胜。

(二)“略”

“略”是指谋略、方略及策略,具体是指在并购退出战争、战役和战斗中如何取胜的思考成果,谋略是并购理念层面的,方略是整体方案层面的,策略是重大事项处理层面的;谋略体现企业家及其团队对全局问题的思考高度,方略体现企业家及其团队的退出筹划能力,策略体现企业家顾问团队对具体重大事项的思考能力。这些能力合并成为企业家的并购退出能力。“并购退出能力强”,从企业家角度来说,是指其对并购退出的战略筹划能力强;“并购退出能力弱”,相应系指对并购事务的思考能力弱。

现代社会财富(物理的或者无形的)的实现或者据守无一例外均以权利证书、合同、陈述(书面或者口头)等各类文件或者证据作为手段或者凭证,并购退出战略,具体表现为口头或者书面的企业家和并购顾问之间商讨相关事项的信函、方案、记录、交易文件等。

## 二、“小而弱”的企业应拟定并购退出战略

为什么要讨论企业家并购退出的战略问题?这需要从中小企业竞争的态势去分析。中小企业创始人大多靠着一股创新创业热情,艰难度过企业“自然淘汰期”,将企业做到一定规模,自身也得到

提升,但是,多数企业仍然处于“小而弱”的状态。

所谓小,是指其经营规模小,除了那些仅有企业之名,实为固定收入替代品的更微型企业外,中小企业的营业收入大致在数千万至数亿元之间且存在较大波动,其净利润则在数百万元至数千万元之间且有些年份存在亏损;中小企业遇到竞争环境发生重大变化或者自身重大失误时,可能再次萎缩。

所谓弱,主要是指其创始人以及企业的人文理念、政治观念、决策能力、资本运作能力、人才吸引力、合规性、产品竞争能力等相对于更强的企业家和企业来说存在不足,“弱”就是中小企业经营存在的弱项或者短板。“弱”不是“小”的同义词,如果一个企业“小”,大概率是“弱”,但也不排斥“小而强”;如果一个企业“大”,大概率比较“强”,但也有一些企业“大而弱”。

对于“小而强”“大而强”的企业,没有必要拟定并购退出战略,它也会有并购战略,但是属于收购战略。如果一个企业“大而弱”,最核心的任务是找寻解困之策,很少有人愿意收购“大而弱”的企业;如果一个企业“小而弱”,则在企业发展过程中,必须适时拟定并购退出战略。并购退出战略成为“小而弱”类企业发展所必需。

### 三、“小而弱”的企业不会成为资本市场的主流

#### (一)“小而弱”的企业可持续性和合规性不足

相对于企业上市的财务指标来说,有些“小而弱”的中小企业在某些年份的净利润或者营业收入数据可能会满足企业上市的财务条件,但可持续能力不足;相对于上市所要求的合规性标准来说,“小而弱”的中小企业在发展过程中因内部决策能力不足、承压经营、不良习惯等,多数离上市合规性要求还存在一定距离。在这

里,“小而弱”的企业,其“小”重点在于可持续盈利能力不足,其“弱”关键在于合规性不达标。本书前述案例中的那家宽带公司,就是因为种种合规性原因撤回了上市申报材料,转为并购退出的。

(二)“小而弱”的企业不宜公开上市

少数中小企业克服重重困难成功拿到上市批准文件,上市之后仍然很弱,很少能够进入“小而强”或者“大而强”的企业行列,极有可能仍然处在“小而弱”或者“大而弱”的状态。资金多寡或者营业收入的高低只能说明企业的“大”或者“小”,不决定企业的“强”和“弱”。如若不信,可以想象那些继承万贯家财的“富二代”“富三代”,财富不可谓不多,但如果这些二代或者三代没有获得如前辈一样的创新、勤奋、自控和内敛(这些品质就是首代企业家强大的核心品质),这些二代或者三代则肯定离“富不过三代”的“传承诅咒”实证结果就不会远了。上市公司拥有充裕现金而没有与之匹配的决策能力和自控能力,必然进入“大而弱”的境地,“大而弱”的企业,其困境非常力所能扭转。

(三)“小而弱”企业只是资本市场的辅助和补充

所有问题由此而生,“小而弱”的中小企业不可能成为资本市场上市的主流,只能是资本市场的有效辅助和补充。不具体分析多数中小企业固有的“小而弱”现状一味地强调其上市退出,对多数企业家来说则意味着赶鸭子上架,到最后也只能是镜花水月;不聚焦主流的并购退出通道而泛泛谈中小企业的退出,对诸多企业家来说,就是舍近求远,可能失去不可多得的退出机遇。中小企业一旦有利润,有些企业家马上竖起上市大旗;一旦有亏损,一损俱损,万念俱灰,企业家最后无奈勉强接受并购退出,也是上市失败后不得已而为之,直接进入并购退出战术层面,匆忙行动,效果远不达预期。例如,一家培训机构的商业模式是借助高校办学资质,利用其招生能力,在高校内与普通高校合作举办高等学历教育。这家教育机构的实际控制人精准地发现到了自己没有办学资质的“弱”项,也就是合规性不足,诸多先例实证表明,有些鼎鼎大名的教育培训机构虽然利润丰厚,但是在中国资本市场独立上市则困难重重,它们纷纷选择去海外上市;对于中小企业来说,在海外上市存在管理成本不可控、估值不达预期等明显短板。这家机构的实际控制人毅然决然走向了并购退出之路,成功被一家上市公司收购。又如,一家定位于专项体育的小微企业,从其营业收入角度来看,当然还处于小微型企业之列,但是从其核心能力、毛利润率、现金流、成长性、合规性等角度来看,则明显具备能力“强”的特点。这家企业虽然很微小但在国内同类企业中的规模已经领先,说明专项体育培训行业尚处于启蒙阶段,发展空间可以期待。这家企业从成立之初的几年间处于固定收入替代品阶段,在获得种子轮投资后,历经几年竞争战略调整、能力提升,目前已经明确了其发展战略,以顶级专业教练组成的核心技术团队,研发受训者通过体育全面发展的课程体系深受中高收入阶层家长的认可,单客年均培训费居于行业高位且逐年提升,客户体验好且续费率居高不下,毛利润率近50%且持续稳定,每年经营现金流均为正数,可持续盈利能力无忧。目前,对于这家教育机构来说,最大的问题就是如何突破“微小”的规模“瓶颈”。假以时日,如在超级城市核心区域成功打造数家培训中心,其年收入、利润等绝对值额度必然会满足上市的财务标准,上市之后依靠其品牌及资金实力,将校外体育教育培训做大做强,成长为“小而强”的高成长企业,可以期待。

## 四、中小企业并购退出的战略

中小企业并购退出战略的基本原则是通过并购退出实现企业家的创业目标。对于大多数企业家来说,其直接的创业目标必然包含兑现财富。也就是说,设定企业并购退出战略的基本原则是有效地通过并购退出兑现企业家的财富目标。对于承压持续经营的中小企业来说,无论是分红还是薪酬,都不足以让企业家兑现预期财富,实现创业目标。中小企业退出之前,其企业竞争和发展目标都是为这一创业目标(兑现财富)服务和准备;中小企业进入退出通道后,企业所有工作都以并购退出合同的约定为核心开展。企业家无须羞于或者耻于谈利益,其实创业就是一个合规、理性追逐利益的行动;企业家不要顾虑为并购退出兑现财富这一核心目标设定战略和备战,并购退出是一种最有可能接近"帕累托最优"分配机制的安排,在并购退出中,最有可能达到"有人受益,无人受损"的理想分配状态,方向正确,多方共赢,政府支持,员工期待,百无禁忌。

为达到兑现财富这一创业目标,在并购退出中,需要设定或者思考如下必要的并购退出战略:其一,长期规划、机动灵活;其二,严格保密;其三,并购退出与员工利益的关系;其四,经营与并购退出;其五,资本市场现状和未来;其六,战略的调整。

### (一)并购退出的长期规划

企业家对未来的计划并不会样样心想事成,任何普通人包括企业家都没有预估未来的能力,当机遇到来,最有可能成功者,往往是那些提前布局、长期规划的人,对通过并购退出兑现财富的企业家来说尤其如此。

前述案例中那家教育培训企业,在拟定并购退出战略后,旋即获得并购退出的机会，但是，这个机会来得太快，所兑现财富的数额不足以实现创业目标，并购退出的企业家经充分酝酿，仅仅将标的企业40%的股权转出，自行保留剩余的近60%股权，在并购合同中约定，收购方有义务协助标的企业完善办学资质和业务推广，如标的企业完成业绩承诺，并购退出方有权利要求以上次估值标准（业绩承诺平均净利润的13倍）再次出售标的企业剩余股权给上市公司，或者双方协商将教育板块单独分拆上市。在这次交易中，退出方一次性获得数亿元现金，另外获得再次出售股权或者拆分上市的附条件要约。

对于并购退出来说，长期规划应有前瞻性，以避免行业景气来临时，因为临时起意而乱了分寸；也不会因丧失偶遇的机会而懊悔不已。如前所述，对于"小而强"的中小企业来说，如果志存高远，合规运营，穿过行业多次高峰和低谷，其上市的机会有无数次；对大多数"小而弱"的中小企业来说，行业峰谷变换就是其并购退出的机遇，在行业触底反弹的时候启动交易，在行业高峰下降时完成业绩承诺，其效果奇妙无比，恰如上天眷恋；很多陷入纠纷的并购退出，大概在行业高峰启动，在下行通道开始实施并购，行业深跌谷底完成业绩承诺，标的企业的利润无以为继，跌入谷底不能自拔，最后的结果让人无奈。

（二）并购退出的机动灵活

并购退出长期规划与机动灵活相关联。只有长期规划才能在机遇到来时实现机动灵活；否则，就是上面所说的临时起意乱了方寸，不可能达到预期。况且，也不能相信多数企业家具备临时把握资本退出机遇的能力，最大可能是那些有资本退出规划的人，在机遇到来时乘风破浪，没有规划的人最后都成了悔恨的看客。

对于“大而强”的大中企业来说,资本运作战略虽然也做长期规划,但是它并不太在意瞬间即逝的机遇,它的“强”让它能够度过行业峰谷,资本市场的机遇对它来说随处可见;中小企业因为“弱”不具备穿越两次以上行业低谷的能力,机遇少之又少,决策流程短,具备抓住机遇的必要性和可能性。机动灵活本来就符合中小企业的特点,中小企业“小”,具备“机动”的特点;中小企业“弱”,必须“灵活”才能生存。中小企业把握机动灵活的策略,足以弥补“小而弱”导致的不利局面;企业家在落实并购退出战略时,若没有灵活把握机遇的心态,任凭机遇丧失,就等于自己亲手关闭了资本市场的通道。

(三)规划并购退出的时机

具体来说,长期规划、机动灵活战略必须在中小企业创始人角度被充分理解、认同,并与企业发展战略相融合。虽然大可不必在创业时候就设定并购退出规划,因为任何企业都不是生而以出售控制权作为具结的唯一方式。但是,企业家必须在企业发展期对并购退出规划进行充分酝酿和思考:企业生存环境和竞争能力是否允许企业一如既往合规运作、企业核心能力是否能够持续经营、企业所在行业是否被私募机构追捧而获得企业发展所需的必要长期资本;否则,企业家需要适时拟定并购退出规划,并随时在行业景气到来时出售企业。

## 第二节　并购退出的保密

严格保守企业家并购退出计划的秘密,在企业出售之前,比任何事情都重要。

## 一、不同主体对于并购退出的理解不同

并购退出计划在实施完成之前，必须对社会、员工、本企业中小股东、所在地政府、竞争对手等保密。企业家深思熟虑通过并购退出的意图和准备工作，通常不会被其他不在其位、不站在其立场角度的人充分理解，而只可能被其他人误解；企业家也不可能将自己的想法给误解者逐一去解释；社会上流传出企业出售信息后，也不会被社会任何一方规范地理解。

## 二、不实传言破坏力极大

“你知道吗？咱们市的那家企业贷了很多款，撑不住要卖，老板要跑了”或者类似的不实传言足以让任何一个人的事业崩溃，因此保密成了企业家并购退出环节最重要的工作。

并购退出交易模式导致的“有人受益，无人受损”的“帕累托最优”理想分配机制，在实效显现之前，也肯定不被包括当地政府、员工在内的人理解并接受，他们能够想到的就是老板撑不住要走了，不知并购退出是上市之外企业家退出的合理、常规甚至必要的通道；竞争对手如无通过并购退出的规划，它只会把企业家理性的思考成果当作攻击的理由，如果它理解透企业家良苦用心，也会在并购市场形成企业出售竞争。

并购退出的规划只能在企业家与退出顾问之间展开讨论，其目的在于拟定规划、修订和完善规划。在企业发展到一定规模，如果严守资本运作规划的秘密成为工作中的累赘，其泄密之势难挡，可以大张旗鼓地务虚性披露企业上市计划，“身在曹营心在汉”，其真实意图在并购退出。

### 三、并购退出规划要对员工保密

对员工尤其是核心员工保守并购退出规划的秘密，与并购退出规划的长期性和实施的临时性密切相关。经验表明，某一核心信息向核心员工披露，等于向全体员工披露，每一个人在向他人披露保密信息时总会加上“老板不让对外说，你要保密”的告诫，最后结果肯定是保不住密；向全体员工披露，等于向社会公开披露。在涉及企业家财富兑现信息披露环节，有一个客观存在的自然法规则：企业家的财富兑现信息（卖企业、卖多少钱等）因吸引了中下收入阶层的眼球而备受关注，成为企业员工茶余饭后闲谈的最重要话题。“一家富贵千家怨”里面的“千家”就是构成了网络舆论的这个群体；企业家生在其中，活在其中，长在其中，“怨”在其中，更需要“隐”在其中。

企业家和并购顾问都不知道什么时候实现并购退出的条件，规划仅仅预设了并购退出的一般性条件和目标，但不知道具体什么时候会达到这些条件实现这个目标。员工天然的趋利性导致其人心思动，为了稳定军心，企业必须付出更高的人力成本。在并购实施之前，为稳定军心，也必须保守秘密。

## 第三节　并购退出与员工利益

企业家创业的目的在攫取未来不确定利益，在企业发展到一定规模之前，企业家只有净投入而没有收益；而员工哪怕是核心员工，从一开始都是市场化招聘获得固定报酬的群体。如果企业待遇低于其他企业，结果将是员工流失。所谓“情感留人”，其成本远远高于实际支付的报酬，“人情似海深”，如果员工因为与老板的情谊而不跳槽到待遇更高的企业，报酬的差额部分，老板肯定是想着将来百倍偿还的。无论员工持何态度，诚实的老板背负的“感情债”会越来越重。

## 一、“财散人散”

中小企业员工招聘的市场化、员工报酬的固定性和即期性，以及企业“小而弱”的竞争格局，导致任何一个没有资本运作规划的中小企业，均无必要进行任何股权激励，甚至很多企业试图推进所谓的股权激励计划时，员工响应者寥寥。

在资本运作预期场景下，如果一家企业存在亿元计的预期营业收入、数千万元的预期净利润，资本市场估值作价的逻辑（市值与净利润的倍数关系）导致普通员工也会理解：成为企业股东将会获得超额收益；员工以低于私募股权市场价格的成本获得企业股权的想法自然而生，势不可当。这不是因为员工突然变成了企业家，开始想攫取未来的不确定收益，而是员工眼中看到了“无风险（其实是高风险）、高收益”的机会。

因此，老板开始顺势如员工所愿进行股权激励。那些在上市之前通过低于私募估值水准获得较大额度企业股权（法律上就是指股权激励）的核心员工，在企业上市几年后，很少有人还在原企业继续工作。这也成为研究企业家退出战略的一个毋庸置疑的自然法则：民营企业传统上所谓“财散人聚”（是指老板给员工更高的待遇，期待员工扎根企业的人力资源管理理念）的逻辑在股权激励场景下并不适用；股权激励给员工带来的相对较大额度的财富兑现后，将导致核心员工离职，也就是“财散人散”（高额激励导致人才流失）才是股权激励的常规效果。

## 二、过度激励的后果

任何人都无权也没有资格看低固定收益索取者,无论你现在做什么,最起码大多数人的父辈都是固定收入者;更不应该在不确定收益的企业家和固定收益的员工之间厚此薄彼。人人生而平等,人人有平等地选择谋生手段的权利,自食其力,这不仅无可指责,还应尊重有加。固定收益索取者对未来的心态大体一致,他们骨子里厌恶风险,又期待有机会获得低风险或者无风险的意外收入。获得的激励股权迟迟不能套现(如企业上市受阻)的苦恼,远远大于获得激励时的兴奋;很多人愿意在黎明前最黑暗的时刻,如公司首次冲击上市被否之后,以低于市场价格甚至低于认购成本的对价转出激励股权;他们也会在公司上市之后毅然决然辞职,不容稍微迟缓;他们都有能力精准思考和测算出上市后一年套现、高管在职期间按25%比例套现、高管辞职6个月之内不允许套现等监管规则的界限。[1]所以,额度无当的无差别的股权激励,只会导致员工队伍人去楼空。某知名互联网企业在上市前后就经历过一轮被激励员工的离职潮,在公司上市之后,高管队伍几乎是陌生面孔的年轻人,一遇风吹草动(这家企业上市之后很快就利润下滑甚至亏损)就发生大面积辞职。核心员工纷纷离开,是企业家事业失败的核心原因之一:核心员工人心思动,待遇低是一个可能的原因,待遇过高则肯定是一个诱因或者原因。

---

〔1〕 按照《公司法》的相关规定,企业高级管理人员任职期间每年转让的股份比例不能超过其持股总额的25%,上述人员离职后半年内,不得转让其所持有的本公司股份。

## 三、与员工利益共进退

在并购退出环节出售的是股东的股权，基本上不涉及员工的利益。无论核心员工还是普通员工，基于其固定收益索取者的固有属性，并购退出时，因岗位基本稳定，其利益不会受到损害或者受到损害后依法能够获得足额补偿。

但是，我们曾总结出在企业家并购退出时一个可能会普遍适用的自然法规则：并购退出时，如有业绩承诺，并购退出方则需考虑员工利益；否则，退出方将受到损失。

案例显示，在并购退出时，涉及员工利益的处理模式分为三种：

第一种情况：未考虑员工利益。前述案例中并购退出方未考虑员工利益，并购交割后，核心员工结伙离职加入另一家生产类似产品的企业，将标的企业客户引流到他们新加入的企业。被收购方因标的企业未能完成承诺业绩而损失数千万元。

第二种情况：让员工利益与自己的利益共进退。前述标的企业专门搭建一个员工持股平台参与并购交易，与大股东共进退。标的企业业绩稳定增长，顺利完成承诺业绩。

第三种情况：给员工输送利益但未让员工与自己的利益共进退。一宗企业并购退出纠纷案，在并购之前，标的企业曾对核心员工进行过实质性股权激励；在并购退出时，大股东与这些被激励的员工股权被一家上市公司收购后退出，大股东向收购方提供 100% 业绩承诺，小股东也就是包括核心员工不提供业绩承诺。结果是，3 年业绩承诺期业绩亏损额度超过 3 亿元，原大股东损失惨重。并购退出前向员工实施了实质性股权激励，但是员工激励如果不与承诺业绩挂钩，其效果也不理想。

## 第四节　经营与并购退出的关系

### 一、业绩与并购退出交易价格

（一）业绩承诺期净利润平均值是并购交易的定价基础

经营成果，也就是业绩承诺期的经营成果，是大多数并购退出交易价格的基础。如果按照通常所谓净利润的11~16倍估值水准退出，如净利润15倍。所谓“净利润的15倍”精确地说就是：标的企业100%股权的价格等于业绩承诺期净利润平均值的15倍；业绩承诺期一般是3年。换句话说，“净利润的15倍”估值等于业绩承诺期总利润的5倍，就是并购退出的股权转让价格。

（二）以标的企业所占有的资源为定价基础

以标的企业占有的特定资源引起的并购，其股权转让价格不以经营利润为基础，而是以标的企业占有的资源为基础。大多数房地产领域的并购，以标的企业占有的可开发的建设用地面积为并购基础。这种情况下并购退出，与经营成果没有关联。

（三）第三方独立审计机构审核标的公司利润

中小上市公司对非上市企业的并购，基本上以并购非上市企业的利润为目标；同时，上市公司会锁定非上市企业利润实现的会计政策和财务核算方法，引入第三方有证券从业资格的独立审计机构对业绩进行审核。此时，非上市企业的利润，将表现为被第三方独立审计机构审核的数据。

正是因为“小而弱”中小企业的利润具备不可持续性，才导致企业家愿意将企业出售给上市公司以获得预期净利润的15倍股价退出,实现财富兑现的目标,这个也正是上市公司实施业绩承诺的核心原因。当经营利润额度不足以引起上市公司收购,或者交易对价不足以达到企业家创业预期的,以利润为基础的并购将不会发生。

## 二、并购退出前期的准备工作

如果并购退出是企业发展的战略目标,那么,在并购退出之前,企业的经营都是为并购退出做准备;在实施并购退出后,企业经营的核心内容是以实现承诺业绩为目标。所以,导致收入成本费用和利润此消彼长的各类因素,也就是提高营业收入、压低成本和费用,包括营业收入确认的延后(业绩承诺期之前的收入确认延后)和提前(业绩承诺期后 1 年收入确认提前),管理费用包括管理人员工资的零增长、研发费用的资本化减少当期费用率、收购方向标的企业增资以降低财务费用、利用收购方资源降低渠道费用以压缩销售费用、成本中心转移到收购方等,都是实践中常规提高业绩承诺期利润的合规手段。这些固定或提高标的企业净利润的手段,均是收购方甚至监管机构乐享其成的。

## 三、非合规手段不可取

有人实施利润造假,这在并购退出领域不罕见。收购对价存在杠杆,如前所述,如企业家按照标的企业净利润的 15 倍估值水准退出,如果业绩承诺期是 3 年,在业绩承诺期的 1 元净利润,则表现为 5 元的交易对价。企业财务核算逻辑中,造假的营业收入不存在生产成本,只有税务成本,在 3 项费用固定的情况下,财务造假存在巨大的套利空间。存在财务造假的案件,多数出现了业绩审核中的纠纷,被审计机构否决或者出具保留意见,更不用说必然被交易所连番问询,各方疲于应付,上市公司形象受到严重损害。以财务造假产生利润,很快将成为刑法打击的范围,[1]企业家创业的核心目标是实现预期财富,以涉嫌刑事犯罪追逐财富,不是企业家所应为的。

## 第五节　并购退出战略和资本市场的现状与未来

企业家需要深入思考企业上市与并购在财富兑现中的区别,这涉及对资本市场现状与未来的评判。

中国资本市场的现状表明,一家企业如能通过重重审核上市成功,则企业家名义财富陡然提升,社会知名度也今非昔比,尤其是在估值水准非常高的科创板(平均估值水平是净利润的98倍)和创业板(平均估值水平是净利润的70倍)上市。但是,这仅是现状而不会是中国资本市场的未来。

企业家都无法预知未来,但是,理性的企业家分析未来。

### 一、中国内地资本市场的未来

当上市不再有事实上的额度控制,仅存在中介机构的通道费用,名义的上市条件越来越低而实际市场行情越来越苛刻,企业具备上市条件都可以登录公开资本市场情况下,上市股票的供应量将

[1] 参见《刑法修正案(十一)》及刘鹤主持召开的国务院金融稳定发展委员会第二十八次会议,会议强调:必须坚决维护投资者利益、严肃市场纪律,对资本市场造假行为"零容忍"。要坚持市场化、法治化原则,完善信息披露制度,坚决打击财务造假、内幕交易、操纵市场等违法违规行为,对造假的上市公司、中介机构和个人坚决彻查,严肃处理。载中国政府网,http://www.gov.cn/guowuyuan/2020-05/04/content_5508730.htm。

必然与资金量平衡，上市公司的股票作为一个资产，将被利率决定，其预期收益率将略高于借贷利率。如本书前文所述，统计以及经验表明，一个同等资质的企业上市与否，其流动性风险补偿费率导致的差价大致在30%～50%。也就是说，非上市企业因为其股票流动性差，而需要向购买方给予流动性补偿，该补偿表现为同等资质上市公司的股价高于非上市企业的30%～50%。目前，在上交所主板市场A股上市公司与私募市场的价差，基本上处于这个水平；美股一百多年平均市盈率最低年份是7倍，日常年份大致在15倍，最高年份不超过25倍。美股是一个长期理性但偶有疯狂的市场；市场疯狂时，平均市盈率超过25倍，如在1929年"股灾"市场崩盘时后曾经达到27倍。不要忘记，中国科创板估值利润倍数超过90倍，创业板超过70倍；香港主板股价平均市盈率多年来也大致在10倍上下徘徊，在平均市盈率超过11倍之后，财富效应开始波及社会一般群众，茶馆酒肆开始争相讨论股票投资，卖空的人开始在楼顶踯躅徘徊，股价再次提升，他可能会一跃而下。[1]

2021年年初，中国证券监管机构（含交易所）对上市申请的审核条件逐渐收紧，这不仅是因为已经核准上市的中小企业首次公开发行越来越难，首次公开发行市盈率越来越低，市场寒意已起，而且更重要的是考量中国资本市场的未来核心竞争力。如果中国资本市场上市采取宽松入口，假以时日，诸多中小上市企业将会出现首次公开因承销商不再包销而发行失败、包销则估值过低、上市后交易量萎缩（基本上聊胜于无）的局面，再回头收紧可能就晚了。果真如

〔1〕 香港股市是双边市场，股价升降都具备财富效应；当股价单边上升时，利用杠杆做空的人会损失惨重。

此,将来上市的企业数量肯定会被事实上的“通道制”“额度制”控制,很多企业将折戟在上市申请通道中。很多拟上市企业因为监管条件突然收紧而慌乱撤回了申请,更多企业在观望,上市似乎成了“猫捉老鼠的低级游戏”。

无论如何,加上人民币资本项目的逐步开放,与上述各项因素叠加,终究会导致全球资本市场“内卷”效应发生,中国 A 股市场不会置身事外。中国 A 股上市公司估值倍数在未来必将回归理性,并购退出估值水准也会下探;有些上市公司在上市之前私募阶段甚至高于其上市之后的估值水平,对于此类公司,私募机构投资的逻辑已经从上市后的高估值预期,变成对其复合增长率的预期,在上市后估值倍数不提高甚至降低情况下,只要这家公司一直增长,投资自然存在利差。

### 二、大股东的退出困境

大多数中外顶级专业投资机构仅仅投资标的企业少数股权的习惯表明,企业家在企业上市之后,在短期内(一般是指 3 年内)无法获得套现机会,而少数股权持有者(一般是指持股比例少于 5%的股东)则在上市 1 年后就可以套现走人。某互联网企业上市后大股东持股最高市值达到 200 亿元,但是他没有来得及套现,最后公司因收购失败破产退市,大股东财富瞬间即逝。

### 三、上市公司信息披露成本将居高不下

如果中国 A 股市场的未来趋同于欧美主流资本市场的现在,对于一个普通企业来说,在未来资本市场上市对中小企业大股东来说将出现重大变化。

以信息披露作为监管基本手段的国内外资本市场,其信息披露成本无一例外地由上市公司承担。信息披露的间接刚性成本还包括违规披露的赔偿成本。中介机构不再将上市作为优选业务,上市业务将逐步被少数头部机构垄断,这些头部中介机构的服务价格更重要的是包含执业赔偿风险。

很多人直观地看到的是信息披露的中介机构成本,在香港主板市场,这个成本居高不下,导致一些上市公司因为信息披露成本过高而选择退市。

信息披露的间接成本更高但无法估量。商场作为商业的战场,知己知彼当然是制胜法宝。信息披露,尤其是招股说明书和年报披露的重大信息、客户集中度信息、收入成本费用信息等,将成为竞争对手制定竞争战略的依据;而上市公司对非上市企业的上述信息,则无从查询。

## 第六节　并购退出战略规划的调整

### 一、上市退出调整为并购退出

第一个战略规划调整是从上市规划调整到并购退出。这又分三种情况,主动适时调整、被动调整和不调整。

有一家规划上市的企业,长期以来存在合规性疑问,没有一家保荐机构愿意真心实意将其推入上市工作通道,从来没有提交过上市申报材料。这是典型的“小而弱”企业,符合并购退出的特点,早应该适时调整规划,将上市规划调整到并购退出。在行业进入下行通道时,匆匆忙忙被一家同行业上市公司发行股份收购。最后的结果显示,这种被动调整战略规划将导致并购退出交易结构出现诸多结构性缺陷。

还有一家在细分领域领先的机械行业企业,第一次上市申报被否,核心原因疑似是股权结构存在合规性障碍。这家企业信用基础好,完成了几轮融资,现代化厂房宏伟壮观,行业地位高,管理团队健全,老板成熟而稳重,净利润丰厚。十几年之后,上市也终未成功,历史上上市被否的疑似理由早已不复存在,但其市场竞争环境也早已发生了重大变化。再次上市已经不符合财务条件;当然,也失去了并购退出的基础条件;企业常年徘徊在生存发展临界点,时有隐忧;杰出的老板渐渐老去,新生代无能为力。

上述案例表明,未能适时将上市战略调整到并购退出战略,其影响有可能是终局性的。

## 二、并购退出调整为上市退出

第二个战略规划调整是从并购退出调整到上市退出。当“小而弱”的企业变成“小而强”企业,可以顺势将并购退出规划调整为上市规划。

如果存在“小而弱”企业固有的“短板”,也就是可持续盈利能力并没有被充分确认,以及合规性仍有隐忧,就不宜逆流而上,将本来应该通过并购退出的企业推向上市。有一些小型企业,在上市之后很短时间内就出现巨额亏损,市场一片哗然,其实质就是退出战略出现了问题;有些小企业在申请上市后被现场抽查,匆忙撤回上市申请,这等于把退出战略当作儿戏;还有个别已经通过上市审查的中小企业,在上市行政核准环节暴露出了合规性问题而被驳回申请。

进一步地说,并购退出战略调整为上市退出战略,如果是客观外因导致的,如法律政策调整导致原先存在的合规性障碍消除,就可以义无反顾地直接调整退出战略;如果合规性隐忧未除,仅因时间延长而想侥幸过关,不宜做退出战略的调整。

# 第六章

# 并购退出的交易模式

并购退出的交易目的是企业家兑现财富;退出方须明确并购交易的出售标的是什么;以上市公司股票作为退出支付手段的,股票的供求关系将实质性影响股价;业绩承诺补偿方式、客观重大变化抗辩、“双向承诺”、“可承担原则”是业绩承诺对冲的基本手段。

# 第一节　并购退出交易模式的选择

并购退出涉及的主体很多。在并购退出战略规划和规划调整阶段,涉及并购退出方与并购咨询顾问方的交易,从自身利益考虑,企业家在并购退出环节还有可能酝酿和实施员工激励这个复杂的交易,每一个并购交易都不可避免地涉及纳税和涵养税源,这涉及与企业所在地政府之间的诸多沟通,而最核心的,就是并购双方当事人之间的并购交易。

本章仅探讨并购退出双方当事人之间的交易模式。

## 一、交易模式服务于企业家的创业目标

企业家有一个共性的创业目标,即兑现财富。按上述多数企业家拥有的核心资产是非上市企业股权,这些企业家兑现财富的核心手段,是使其非流动的核心资产流动起来,把非上市企业股权置换成上市公司的股份或者现金。并购退出的交易模式都是服务于企业家兑现财富这一创业目标。

交易模式的选择或者取舍,均应站在并购退出方的立场,以是否有利于企业家财富兑现为考量标准,以促成并购交易为原则。交易模式策略空间的底线边界,是并购退出交易失败;并购退出涉及交易双方的重大利益,对于并购退出的企业家来说,本次并购退出交易可能是其有生以来最重大的一次交易,交易模式是框架性安排,牵一发而动全身,任何有可能导致交易模式不牢固的重要逻辑节点都要被无数次评估和论证。

### 二、关注交易对手方的利益

既然交易涉及并购退出的企业家的重大利益，交易对手方的利益也必须被充分关注和照顾，这是因为来自交易对手方的任何反制措施都足以导致交易失败、交易停顿或者取消。因此，须避免或者尽量避免在交易磋商、协议签署、交割及交割后并购退出管理中出现因误解导致的交易失败或者交易纠纷，任何一项交易安排，必须同时充分考虑到交易对手方的利益。

### 三、任何一个并购退出都有独特的模式

交易模式是并购交易的灵魂和神经中枢，我们知道，任何一个交易安排哪怕是一个微小的合同都是有灵魂的，都是生命、财富逻辑和专业理念在文字中的活现，所以，任何一个并购退出的交易模式相对于其他交易来说都是独特和可区分的，具备独一无二的内在逻辑和目的，业务实践中任何拿模板做参考草率了事的做法都会贻害无穷；交易模式是并购退出方企业家的“首长工程”，必须由企业家亲自参与思考、设计和沟通，以免交易文件签署后因思考不周或者误解而悔恨无穷。

并购退出交易模式主要涉及如下四个核心问题：其一，交易目的；其二，出售标的，也就是出售的是什么；其三，股票作为对价支付的手段；其四，交易价格调整及其对冲手段。

## 第二节　交易目的

毋庸置疑，在企业家角度，并购退出的本质目的当然是也只能

是财富的兑现和已兑现财富的防守,以实现创业目的。无论交易外观表现为套现退出、解困退出,还是其他任何理性的情形,其本质都一样,这是并购退出交易的初心、原动力或者基本原则,也是交易的内核。

法律意义上的交易目的,是交易双方当事人在交易合同中描述的或者可描述的、表明双方当事人核心权利义务直接指向的目的,是双方交易的内容及其外观,除非交易双方当事人在交易合同中通过显性约定方式穿透背后的目的。在民商事场景下,任何交易都具备相对性特征,也就是交易仅在交易双方当事人之间有效,不涉及非交易参与方。股权转让类型的任何交易都是错综复杂的,任何尝试以穿透后对实质主体利益的权益安排,都会出现超乎控制人预想的偏差,必须十分谨慎。根据中国法律规定,债权人对损害自己利益的交易,有撤销权;在穿透性交易安排中,大多数交易双方当事人都没有能力规范处理交易涉及的税法关系,从而导致相关交易安排无效。

## 一、真实目的和外观目的

交易目的涉及真实目的和外观目的。真实的目的一般应与外观目的一致,但有时候也可能不一致。刑事司法审判有可能探求双方真实的交易目的,但是在民商事司法审判中,一般仅仅探求交易合同的显性目的也就是外观目的,或者基于当事人的明确约定可以被指引穿透到的终局目的;民商事司法审判或者仲裁纠纷解决,都会受制于外观性原则。从民事证据法角度来看,交易背后的逻辑,也就是当事人的内心世界,必须利他式自我表达出来才能成为认定事实的充分证据(对应的证据规则是:当事人作出的不利于自己的陈述,对方承认的,可以认定为案件事实),否则,都是一种猜测或者推断,一般不会被作为认定事实的充分证据。

在立法论层面(所谓立法论,就是探究“善法”的研究方法,试图以论证的结论影响立法机关),往往进入交易的内核而不问交易的外观。启蒙时代杰出哲学家孟德斯鸠的传世之作《论法的精神》,就是论述穿透现象看本质的典范。孟德斯鸠认为,各国政体不以其外观形式左右,而是以其实质内容来确定的。[1] 从这个角度来说,16世纪上半叶英格兰都铎王朝中期的亨利八世,集王权和宗教领袖于一身,立法院成为其独意的工具,宗教成为其杀伐异己的平台,他直接将自己的两位妻子送上断头台(其中一位就是伊丽莎白一世的母亲),他专门为自己娶妻立法,任何人声称嫁给国王的女人是处女而最后被证明陈述错误将犯下大逆罪被砍头,整个英国人都笑称“看来亨利只有娶寡妇的命了”,任何未婚女子都耻于如实陈述过往绵情事实但也不敢僭称自己在见亨利八世之前守身如玉而面临被砍头风险。[2] 英国政体从此前的“贵族共和制”(当时虽然也有“君主制”之名)而进入君主专制体制(虽然有立法院审议环节),经过一百多年的斗争,在斯图亚特王朝后期(1688年以后),民权崛起,王权没落,立法权、征税权等重回英国国民代表手中,英国政体又从君主专制体制转变为现代国家常规的共和制,虽然其有“君主立宪”之名;现代国家中,类似情况如日本、丹麦、西班牙等国,虽然存在名义上的虚君(天皇、国王),但任何政治学研究者都不理会其政体君主立

---

〔1〕 参见[法]孟德斯鸠:《论法的精神》,许明龙译,商务印书馆2012年版,第30~41页。

〔2〕 参见[英]大卫·休谟:《英国史》(第3册),刘仲敬译,吉林出版集团有限责任公司2012年版,第227页。

宪制的外观,而直接将他们定性为现代共和体制。

并购退出交易的“外观性”,需要参与交易的当事人重点关注外在的约定,虽然合同的约定必有原因,在产生纠纷的时候,任何未被外在表述出来的原因,都不会成为定分止争的尺度。

## 二、交易目的的边界

需要穿透显性外观交易目的的时候,刑事证据法也不是通过查询探究当事人陈述的方式来获得证据,而主要是通过外观行为来证明其内心。例如,在刑事审判程序中,并购退出其真实意图不在于兑现财富,而是为了捏造事实骗取收购款,财务造假行为在并购退出交易环节被其他相近罪名覆盖,如在我国刑法中存在“合同诈骗罪”这个相近罪名,个别财务造假案件被以涉嫌合同诈骗罪追究了刑事责任。过往案例显示,在整个并购交易中无论交易当时是否有律师和审计师尽职调查出具专业意见,都没有影响到定罪。这是并购退出方交易目的的边界。

## 三、分步式收购安排

上市公司收购非上市企业的核心诉求在于并表利润,获得流动性补偿,中小企业创始人交易的真实目的在于兑现财富,而其外观形式是股权转让。

对于那些尚不具备利润创造能力的小微企业,有些上市公司通过风险投资方式先行向其赋能,在标的企业符合上市公司收购条件时再启动收购程序。有些上市公司或者上市公司实际控制人参与了这类形式的风投,向自己的上下游创业企业投资;更多的上市公司成为产业并购基金的实际操盘人。这些被投的小微企业,更大可能被上下游上市公司收购,而不是独立上市。

上述体现出的谨慎型分步并购模式,也有可能成为并购退出的一个方向,这种分步式安排,实质是代理人收购,外观仍然是风险投资;收购方或者其代理人先拥有标的企业少数股权,一旦标的企业具备上市退出的机会,上市公司也乐见其上市兑现的结果;一旦具备并购退出机会,上市公司在知己知彼的情况下,也更愿意放心大胆地收购。

更多分阶段收购的变体应运而生,如上市公司先收购少数股权或者控股权,根据业绩承诺兑现和其他情况,再决定是否收购剩余股权;先开展战略性业务合作,根据业务合作发展情况,再决定下一步收购;先实施业务托管,再进行收购等。

分步式收购的风险,也就是标的企业不能独立上市或者被收购的风险,显而易见是由标的企业大股东或者实际控制人承担。这通常是由风险投资交易合同约定。风险投资交易完全独立于此后的收购,风投与收购被理解为事实上存在相互关联,而在法律上则相互独立,互不关联。一旦投资失败,也就是标的企业并未能如愿上市或者被收购,标的企业大股东及其实际控制人的各类责任,通常包括投资失败后标的企业大股东或者实际控制人按固定收益回购投资人股权的安排,则往往会让标的企业大股东无法接受但又无力改变。

### 四、并购退出的股权代持

还有一种普遍存在的股权代持形式,试稍加说明。股权代持在并购退出中屡见不鲜。很多利益相关方会通过股权代持方式参与交易,该代持行为往往不被披露,一旦披露,则会出现关联方交易的考核或者其他各类风险。

委托他人处理特定事务，只要受托事项没有违反法律、行政法规的强制性规定，都是合法有效的。这是一个基本原则。但在同时，法律又规定了恶意串通损害第三人利益的合同无效。这里的“恶意”是指“明知”；“善意”是指“不知情”。也就是说，如果合理安排股权代持，将会产生预期法律效果；在并购环节，股权代持不会造成第三人损失，一般都合法有效。

2013年前后，在一个并购退出项目咨询中，代持股权被收购退出的现金达数亿元，代持人惴惴不安，不知所措；本次代持原始时点并未签署任何形式的书面代持协议，均来自口头委托，也就是其代持协议采取了口头形式；股权登记在代持人名下，该股权被一家上市公司收购，代持人顺理成章地获得兑现的税后现金；复杂情况的出现是因为代持委托人的更换，在并购退出并兑现的若干年之前标的企业增资时，初始代持委托人将增资款汇入代持人账户并以代持人名义完成了增资，此后，代持委托人将该代持股权转让给了第三人，第三人支付给原代持委托人转让款后原代持委托人退出。代持人在获得并购退出税后收益后曾向第三人征询代持股退出资金的安排，第三人不置可否；代持股权相对于原始出资增值了6倍，最后无人愿意受领代持股兑现款项，令人疑惑。

毫无疑问，上述代持行为未损坏任何第三人利益，各交易无须穿透，均属有效。不久，一家企业浮出水面，向代持人请求领受代持股收益，理由是第三人收购代持股权的资金来自它，其收益当归属于它，并提供了大量书面证据。最后，代持人与这家企业签署代持资金交付协议。时隔数年，第三人并未与代持人就代持股权收益产生任何争议。

代持股受托人诚信至此，实为世间罕见。代持股权在并购退出或者上市后产生了诸多纠纷，多数是因代持人拒绝向委托人支付代持股退出款项而起；该类纠纷基本上依据“谁投资，谁受益”的原则，综合考虑代持人合理受托报酬公平处理。

## 五、交易目的的意义

### （一）判断预期利益是否实现

交易目的首要价值在于判断交易双方预期利益是否实现或者是否有可能实现，以此衡量一个交易是否可以依照约定或者依法解除。在合同法中，有证据证明一方合同目的不能实现，将构成合同解除的法定理由。

### （二）界定交易行为的合规性边界

交易目的的另一个意义在于准确界定交易行为的合规性边界。

在一宗涉及将交易目的理解成是“转让待开发目标地块”的开发公司股权转让案件中，经并购退出方内部充分讨论发现，这个股权转让合同的真实交易目的不是“转让待开发目标地块”，这不是因为标的地块依法不符合转让条件，而是因为其真实交易目的是转让开发公司的股权。

经充分讨论发现，本次股权受让方的真实交易目的是受让开发公司的控股权进而控制开发公司的重大决策，影响和控制开发公司开发预期地块的决策，意图让开发公司获得经营利润，股东以其持有的公司股权获得预期利益；目标地块土地使用权不因本次股权转让交易而发生任何变化，土地使用权本来就登记或者将要登记在开发公司名下，无论股东如何变化，土地使用权的主体在形式上和实质上均未发生转变；开发公司的股东发生变化，不意味着地块的使用权发生变化，仅意味着对地块未来开发的重大决策权和股权收益分配的主体发生了变化；该地块开发受制于企业决策能力、市场环境变化、营销能力等因素，收购方（新股东）也可能没有任何收益，也可能存在较大额度的收益。最后，各方均同意将“转让待开发目标地块”的表述从交易合同中删除。

任何一个转让待开发地块拥有者（房屋开发公司）股权的案件，都会涉及这个问题。我国刑法规定了非法转让倒卖土地使用权罪，其行为要件是违反法律规定转让土地使用权，其主观要件（也就是其内心的恶性意图）是“以牟利为目的”；而《城市房地产管理法》第39条规定，房屋建设用地，完成投资开发总额的25%以上，是土地使用权转让的一个基本条件。在20多年前，以转让待开地块为真实目的的交易，被部分操盘手设计成转让目标地块所在公司的股权的方式进行。在刑事审判中，中国很多地方的法院一开始对违反法律规定条件，以牟利为目的，直接或者间接（这里的间接转让，是指转让房产公司股权）转让土地使用权的行为并不加区分，都按照构成非法转让倒卖土地使用权罪定罪量刑；2010年以后，有些地方的法院不再对间接转让地块（也就是转让地块所在公司的股权这种形式）入罪，但是，仍有部分地方法院对上述间接转让地块的行为判决有罪。早在2005年，最高人民法院在公布的案例中已经否认了这些转让开发公司股权的行为构成土地使用权的转让，确认了这些股权转让行为的有效性，哪怕标的企业持有的建设用地使用权依法不具备转让的条件。

最高审判机关的态度说明，在民事审判中一般并不穿透真实的交易目的,而仅仅注重交易的外观;[1]法律禁止转让不具备转让条件的建设用地使用权,而不禁止转让公司股权,虽然转让公司股权的行为足以导致间接转让不具备转让法定条件的建设用地使用权。甚至在极端的情况下,间接转让建设用地使用权的行为被地方法院判决有罪,而在民事审判中该间接转让行为(开发公司股权转让)仍然被确定为有效。也就是说,转让开发公司股权虽然事实上导致了不符合转让条件的待开发地块的控制权发生了变化,但只要项目开发正常,未造成任何不良社会影响,按照目前的情况,可以谨慎理解成该行为已不再涉嫌构成非法转让倒卖土地使用权罪。但是,如项目烂尾,给社会造成危害,不排除这种间接转让地块的行为,存在被追究刑事责任的可能性。

在交易目的阐述环节,其真实的和实质的交易目的都不是转让待开发地块的使用权,把真实交易目的理解成地块使用权转让其实是一个法律认知错误和表述错误。错误的表述在开发烂尾存在社会危害性后,被追究刑事责任时,将会给辩护带来严重压力。必须在交易筹划环节准确理解交易目的,不能出现偏差。

(三)分清法律责任

在过往交易案例中,多次困扰于交易合同中"由股权转让方购买"基准日之前"标的企业期满(通常是一个约定的到账截止日)未

[1] 参见最高人民法院案例,案号为(2012)民二终字第23号,该案件二审法院认为:……上述两次股权转让后,虽然金长润公司和兴嘉公司将兴荣公司的全部股权转让给了泰邦公司,但原属兴荣公司的浅水湾项目建设用地使用权权属始终登记于兴荣公司名下,属于兴荣公司的资产,并未因股权转让而发生流转。因此,不能仅以泰邦公司受让了兴荣公司全部股权,而认定该两次股权转让行为实为建设用地使用权转让行为。

到账的应收款债权(主要是应收账款)”的条款,因约定的交易目的不甚明确而屡屡在纠纷案件中被挑战。

如果在交易合同中不能明确股权转让方是该债权的“担保人”或者“债务加入人(‘债务加入人’是指自愿同意与债务人一起承担偿还责任的人)”的性质。也就是说,如果交易合同中不能明确股权转让方在标的企业应收款期满未到账后承担的是一个“保证担保责任”或者“债务加入人”责任(对未到账应收款直接承担连带责任),就会出现一连串的挑战。

首先,在法律程序上,既然股权转让方有义务购买标的企业期满未到账的应收款债权,其权利主体将是标的企业而不是股权受让方,股权受让方无权起诉。

其次,既然是债权购买,在法律上也就是债权转让,转让方(也就是标的企业)必须提供债权凭证并负责按照法律规定的程序通知债务人,以达到债权转让对应收账款债务人有效的法定条件;在没有提供债权凭证及通知债务人的情况下,债权受让人有权利拒绝支付应收账款债权的购买款。

最后,当股权转让方向标的企业发送通知要求提交债权凭证及履行通知债务人的法定义务的时候,因标的企业通常无法履行(不能到账的债权大多因疏于管理陈年累积而成,在债权凭证及债务人查询等方面均存在瑕疵),债权受让人也就是股权转让方会以其合同目的不能实现为理由,向交易对方发送解除应收款转让条款的通知,该条款可能因此被解除。

## 第三节　出售标的

并购退出交易是指具备股权转让外观的交易，当事人之间的权利和义务是股权（包括公司股权、合伙人企业合伙人份额、基金份额等）转让和股权转让款的支付，很多时候也同时包括标的企业债权或者债务的转让，个别时候也包含有形资产、其他无形资产的转让。

### 一、"零"对价转让股权的原因

2019年下半年，某上市公司因其实际控制人涉嫌犯罪而股价连续下跌，这个案件引起舆情关注，对上市公司造成了极端不利的影响；为应对风险，这家上市公司将其各地至少几十个地产项目公司的股权转出。转让公告信息显示，大部分项目公司的股权转让价款是"零"对价。这到底是怎么回事？

（一）收购方受让债权

这家上市公司的公告信息同时显示，这些项目公司大多有存量的巨额负债，虽然受让方支付的股权转让价款是"零"，但是，股权转让协议中均包含了股权受让方受让项目公司债权人的债权的内容。从项目公司的角度来说，这些被转让的债权就是负债。从项目公司的债权人的角度来说，这些被转让权益就是债权。公告显示的所谓债权转让，就是项目公司的股权受让方把债权人对项目公司的债权受让过来，把项目公司的债务支付给债权人；交易完成后，受让人同时成为项目公司的股东和债权人，项目公司名义上的负债额度并没有降低，但是，项目公司原债权人（通常是原股东）获得清偿离开，新股东成了项目公司的债权人。

(二)真实出售标的:项目公司的债权

房地产公司的核心成本和费用,包括土地成本、建安成本、管理费用、销售费用和财务费用。股东的投资成本(股本)及其收益(红利)不能作为土地增值税和企业所得税前的扣除事项,为了节约税款,大部分成熟的开发商均将其项目公司的注册资本压得很低,项目公司获得土地的资金投入、开发费用等,大多由项目公司通过债务借贷方式融入;在项目公司办理土地使用权证书之前,通常不具备在银行借款的条件,大股东或者其关联方通过直接出借、提供担保等形式,将资金出借给项目公司或者协助项目公司在非银行金融机构融资;项目公司生命周期内,均保有大额存量的负债,该负债的利息依法可以作为开发费用在税前扣除。这是一种税务筹划。不期而遇的实际控制人涉嫌重大犯罪是这家公司的"黑天鹅"事件,公司为了回笼资金应对风险,不得不平价甚至折价转出项目公司股权,不要忘记,这些转出股权的项目,按照通常的情况,其股权原本会存在溢价空间的;其真实交易目的,是让上市公司在项目公司滞留的债权或者担保的债权快速套现或者解除担保,其真实出售的是项目公司的债权,只是其交易的外观形式表现为股权转让而已。

## 二、收购方收购后减资

在某地产项目并购退出方无力承担后续投资成本,无奈退出股权后,受让方惊奇于标的公司的注册资本竟然超过了10亿元,在项目并购交割后,受让方旋即非常精准地将标的企业的注册资本从10亿元降低为不到3000万元。

新股东减资后,标的企业当然没有钱将减少的出资支付给它,在标的企业账面上就存在近十亿元对新股东的负债,这已经接近收购方的收购成本。假以时日,可以设想,标的企业对股东负债的利息,将作为财务费用在项目公司税前扣除;如果标的企业现金充裕,股东将可以顺理成章地从标的企业以收取借款方式将资金无成本抽走。我们知道,以股东身份从公司分走现金,无外乎分红、分配剩余财产这两种方式,但是,这两种方式均存在所得税成本;股东在减资后同时是公司的债权人,公司以债务人身份向同为股东身份的债权人还钱,谁都无法干涉。

### 三、并购退出"出售的是什么"

并购退出出售的是什么?是必须思考和解决的问题。任何一个项目都具备独特的背景、参与人和固有障碍,只有思考和解决了出售什么的问题后,才能知道如何出售、如何定价的问题。

在某地产项目出售中,面临着十分复杂的交易结构。股东同时也是公司的债权人,大股东拥有本息合计约数千万元额度的对标的企业的债权,小股东及案外人拥有本息约 2000 万元标的企业的债权。也就是说,项目退出既包括股权也包括债权;股权中,还有人实缴,有人没实缴;债权既包括股东债权,也包括股东之外债权人的债权。

实际工作效果表明,通过电话与委托人、小股东、案外的债权人沟通,其效果就像隔靴搔痒,一点都不解决问题。普通民众中没有几个人能够真正理解到底什么是股、什么是债,什么是认缴、什么是实缴,它们之间有什么区别;线下的内部协调会开了一次又一次,每次总是拖到后半夜;股东就一个问题达成共识,必须快速让各方在会议记录上签字;后一次会议总是在重复解释前次已有结论的内容。而潜在的收购方是在转让方确定所有细节问题后才开始正式沟通的,在协调各项内部问题的时候,尚未浮出水面,他们也无力协调来自转让方内部的杂乱无章。任何一个多元化持股的企业出售项目,均会涉及转让方内部的交易结构相关问题,也就是出售标的、出售什么的问题,实际工作经历让本书作者确信,这里面的答疑沟通工作,咨询顾问必须有将专业的问题通俗化的能力,还必须有一流的忍耐力以保证任何沟通都处于可控范围之内,现场的把控能力也就是对工作会议现场气氛和实际工作效果的影响力、控制力和协调能力在这种情况下绝对不是一句空话,这些能力在复杂交易项目中已经成了事情成败的最关键因素。如果一个并购退出顾问仅从方案拟定而不是方案执行角度有效推进项目,并购退出方期待的结果将肯定不会出现。

总之,最后大家理解并接受了这样一个与潜在收购方去沟通的交易模式:首先,分清各个权益主体投入标的企业的资金性质及其成本数额,包括股权投资成本和债权投资成本,其中股权投资成本以实缴金额为准,无论实缴的时间点在两年前公司成立的时候,还是在本轮增资的时候,都不加区分;债权成本包括本金和利息,利息计算至基准日后不再继续计算。其次,确定权益主体,案外债权人的债权名义上挂靠到大股东名下一起对外转让。最后,确定收益分配办法,无论股权投资成本还是债权投资成本(包括本金和计算至基准日的利息)都由股东按照实际投资金额收回,股权收益根据各股东的出资比例分配。

经验表明,很多并购退出交易并未深入探究“出售的是什么”这一基本问题。一个很奇怪的案件显示:标的企业完成并购交割后,发现还有一笔几千万的银行贷款到期需要续贷,银行要求新股东提供连带责任保证担保;这一笔将要逾期的银行贷款存在抵押担保,抵押担保人是原股东,原股东自己的住宅是抵押物;目前企业无能力还款,新股东也无意答应银行提出的提供无限连带责任作为续贷的条件。问题是:贷款延期支付后,会发生什么?

上述案例,因股权转让方没有考虑周全"出售的是什么",可能影响到出售方数千万元的利益。可以确定,出售的不仅是股权,关键还有"或有债权",如银行贷款逾期,银行在行使抵押物优先受偿权后,原股东依据担保法自然享有追偿权而成为标的企业的债权人;出售因担保产生的"或有债权",以新股东提供反担保或者反抵押方式实现;这个案件,标的企业无力还款,意味着原股东存在实际损失。

一项交易涉及的金额不是由其股权名义转让价格确定的,而是由其交易目的、"出售的是什么"来确定的。我们再次回到本论开始时那家实际控制人涉嫌犯罪的上市公司"零对价"转让几十个项目控股权的案子,其实质是为了回笼资金,表面上看是出售的股权、债权,其本质出售的就是"风险",它给受让方的补偿方式就是项目公司控制权的实际市场价格与实际交易的"平价"或者"折价"的差额部分。

## 第四节　以股票作为并购对价支付的手段

股票市场价格低迷时期,并购会放缓;二级市场火爆,也意味着上市公司会加快并购步伐。这主要是因为并购支付能力。如果让上市公司以现金支付并购对价,大部分并购将不会发生;股票成为上市公司并购对价支付的核心手段,由来已久;股价是上市公司未来永续经营利润的现值,为了维持股价逻辑,它必须让未来的利润更多;用高估值的股票作为低估值非上市企业股权支付的对价,正如本书前面多次强调,对上市公司来说,并购产生收益,在我国目前情况下,大多数上市公司以股票作为支付手段实施并购,获得了超乎寻常的流动性补偿收益。

考虑到金融监管、“房住不炒”的住房定位,监管机构对房地产领域贷款(包括开发贷款和住房抵押消费贷款)占存量贷款总额的比例规定了红线,多数银行已经达到或超过了这个红线,其效果就是房子因缺乏金融支持越来越难卖,开发商越来越没有能力竞拍土地;房地产行业的竞争环境已今非昔比,那些对改善型商品住房开发有心得的公司将获得市场认可,多数房地产领域上市公司股价低迷,资金融通困难,房地产领域的并购将趋于缩减。

既然是用高估值的股票购买低估值的非上市企业股权,那么并购退出方就需要对作为并购对价支付手段的股票的估值稳定性进行考量。

上市公司的股价是未来收益的现值,并在一定时期随着供求关系存在波动。该波动的核心要素已不在于其“股价是未来净收益现值”的内涵,而在于市场大环境、上市公司的特有风险及其股票的供求关系。市场大环境就是利率水平;上市公司的特有风险市场自有评判,直接表现在二级市场的股价;股票的供求关系,则更难把握,很多公司的股价走势早已经偏离价值投资评价体系,关键看它的股票是否有人购买以及购买量。

以价值作为价格基础逻辑的理论属于价值金融学范畴,多数投资机构以及散户都是遵循这个逻辑分析股票是否有投资价值;以供求关系作为股票价格基础逻辑的理论属于行为金融学范畴。在主要以单边市场思维进行炒股、股价上升多数人赚钱、股价下降多数人赔钱的中国 A 股市场,某一股票是否有人购买(炒作)就成了股价上升或者下降的核心逻辑,某一股票是否有所谓的内在价值,已经不再是股价上升或者下降的第一原因。

普通人都没有预估未来股价的能力,否则,这个人将赚得天下财货,这个人并不存在。但是,并购退出方可以根据上述两种逻辑,来分析某一特定股票未来的上升或者下跌空间,以此来评估收受这个股票作为支付对价,是否存在风险,以及如果存在风险将如何应对。

## 第五节　交易价格调整及其对冲手段

并购退出业绩承诺补偿,其实质就是交易价格调整机制,其基本逻辑来自上市公司对并购理由的理解以及应对措施。

### 一、业绩承诺补偿机制使上市公司“只赚不赔”

上市公司以增发的股票购买非上市企业股权,上市公司的股票估值水准大致相当于上市公司净利润的数十倍(如在创业板市场,其平均股价是其平均净利润的 70 倍),而其以标的企业净利润的十几倍估值作为收购非上市企业股权的定价标准,上市公司存在流动性收益补偿利益,其补偿标准就是双方的估值倍数差额;一旦标的企业未能完成承诺业绩,需要按照标的企业的估值倍数向上市公司进行补偿。这一定价机制和业绩补偿机制,足以让上市公司在非上市企业股权收购中只赚不赔。上市公司无须考虑对冲,只需要在业绩承诺期锁定作为支付对价的股票或者逐步释放锁定即可。所谓锁定作为支付对价的股票,是指在交易合同中约定,并购退出方不能一次性将作为支付对价的股票套现，只能根据业绩完成情况分期解锁套现股票，或者在业绩承诺期满后一次性解锁套现股票。

对于并购退出方来说，其基本原则是将非流动的非上市企业股权置换成上市公司的股票，具备套现的机会，以兑现财富。但是，考虑到作为支付手段的上市公司股票存在波动性，必须考虑对冲手段。

## 二、业绩补偿方式的选择

中国证券监管机构要求上市公司实施的关联方之间的并购交易必须提供业绩承诺补偿，并未要求非关联方之间的并购交易必须实施业绩承诺。[1] 虽然实践中存在非关联方并购实施业绩承诺的习惯，这个习惯在中国A股上市公司收购非上市企业股权并购交易中已心照不宣，但是，这个习惯并不是一个必须遵守的监管规则红线。因此，并购退出方在“货比三家”的收购方比选中，尽量选定那些不要求业绩承诺补偿的收购方，抛弃那些要求高杠杆业绩承诺补

[1] 《上市公司重大资产重组管理办法》第35条规定：“采取收益现值法、假设开发法等基于未来收益预期的方法对拟购买资产进行评估或者估值并作为定价参考依据的，上市公司应当在重大资产重组实施完毕后3年内的年度报告中单独披露相关资产的实际盈利数与利润预测数的差异情况，并由会计师事务所对此出具专项审核意见；交易对方应当与上市公司就相关资产实际盈利数不足利润预测数的情况签订明确可行的补偿协议。预计本次重大资产重组将摊薄上市公司当年每股收益的，上市公司应当提出填补每股收益的具体措施，并将相关议案提交董事会和股东大会进行表决。负责落实该等具体措施的相关责任主体应当公开承诺，保证切实履行其义务和责任。上市公司向控股股东、实际控制人或者其控制的关联人之外的特定对象购买资产且未导致控制权发生变更的，不适用本条前二款规定，上市公司与交易对方可以根据市场化原则，自主协商是否采取业绩补偿和每股收益填补措施及相关具体安排。”

偿的收购方。这是并购退出方首先要考虑的对冲手段。

不要求业绩承诺补偿的收购方难找，但是，不要求“杠杆性”业绩补偿的收购方则实属平常。所谓杠杆性业绩补偿，是指收购方按照并购交易对标的企业股权的定价估值标准来实施业绩补偿；上市公司发起的并购交易通常都采取未来收益法或者市场法评估标的企业的股价，收购价格通常都是业绩承诺期平均净利润的十几倍或者更高。假定收购价格是业绩承诺期平均净利润的15倍，业绩承诺期是3年，则业绩承诺期每1元净利润对应的交易价格是5元，杠杆性补偿，具体就是指未完成1元净利润，业绩补偿额度是5元。

不要求杠杆性业绩补偿的形式多种多样。例如，有一个并购退出项目的业绩承诺不是以完成净利润作为业绩承诺的范围，而是以营业收入特定的增长率作为业绩补偿标准，在未完成营业收入比例的基础上，折减对价。这个项目涉及的行业增长空间巨大，而行业内所有中国企业的竞争能力还没有达到能够核算出财务利润的档次，这个行业的主要供应商是国外垄断企业，这个标的企业的出售方有信心完成营业收入而没有信心完成净利润。再如，有一个项目是出售方向收购方补偿未完成的净利润的绝对值，业绩承诺期未完成1元净利润，则向收购方提供1元补偿金，有一个项目创造性地将“三年业绩承诺期汇总统算”的交易模式写入交易合同，获得收购方认可。虽然那个业界习惯性通用的复杂的业绩承诺补偿公式[1]疑

---

〔1〕 业绩承诺补偿公式：第N年应补偿现金对价=(N年承诺扣非归母净利润合计-N年实际扣非归母净利润合计)×从原交易中获取的对价÷N年承诺扣非归母净利润合计-此前累计已补偿对价。

似能够达到这个效果，但是，这个项目第一次在交易文件中创新性地强调了业绩承诺期净利润汇总统算的逻辑，主要是因为这家公司的营业收入确认具备一定的弹性，同时，三年业绩承诺期开始年份收入有限而后面年份预期收益足以弥补前面的亏空；这种情况，如果按照那个公式确定的常态式的逐年补偿计算方式，只会达到前期业绩未完成的年份按照杠杆提供补偿，业绩承诺期最后一年超额完成承诺业绩虽然不补偿但仅获得无杠杆奖励的被动效果。所谓获得无杠杆奖励，是指标的企业的管理层（包括并购退出的企业家）按照大概30%~40%比例分享标的企业超额完成的净利润的一种安排。业绩承诺期第一年的业绩补偿是杠杆性补偿，按照未完成净利润的5倍补偿，业绩承诺期最后一年的超额奖励是无杠杆性的打折奖励，如果不是三年汇总统算业绩及业绩补偿，则肯定对退出方不利。

### 三、“双向承诺”

“双向承诺”也是一个可选的应对作为对价支付手段的股票价格波动的有效手段。“双向承诺”是在市场行情发生巨大变化的情况下，并购退出方需要向收购方提供业绩承诺，收购方也应保障并购退出方的基本保底收益。

对并购退出的企业家来说，接受收购方股票作为交易对价支付手段，双向可能存在冰火两重天的效果。有些上市公司的股价在并购交割后涨了数倍乃至数十倍，无论是否完成业绩承诺，退出方支付业绩补偿均无任何压力；有些公司的股价在并购交割后下降了数倍乃至十数倍，哪怕退出方完成了业绩承诺，无须支付任何业绩补偿，也可能会血本无归。例如，一个通过发行股份购买非上市企业控股权10亿元交易额的并购退出项目,很显然,这个项目的退出方需要缴纳近二亿元的个人所得税,很多退出项目的增值幅度比例很高,能够作为税收抵扣的历史成本非常低。如果是上市公司发行股份购买非上市企业股权,自2014年后税法规定这类非现金性交易的个人所得税可以递延5年缴纳,[1]但是,无论作为交易对价支付手段的股票价格如何波动,税负总额不能减少,但也不会增加,均以交易合同约定的交易金额计算个人所得税;并购退出方接受的作为对价支付手段的股票价格从10元降低到2元的直接结果,就是并购退出方承担完税负成本后,将分文不剩;不用说在并购退出环节,大多数企业家会向核心员工分享利益。因股价大幅下降导致退出方巨额亏损,税后收益很低甚至是负数,这个时候再加上因未完成承诺业绩需要提供业绩补偿,更是雪上加霜。

"双向承诺"在于防范并购退出中连续两个以上的"黑天鹅"出现穿透底线的客观重大事由,第一个"黑天鹅"是行业竞争环境发生

---

〔1〕 财政部、国家税务总局《关于非货币性资产投资企业所得税政策问题的通知》(2014年12月31日)第1条规定:"居民企业(以下简称企业)以非货币性资产对外投资确认的非货币性资产转让所得,可在不超过5年期限内,分期均匀计入相应年度的应纳税所得额,按规定计算缴纳企业所得税。"财政部、国家税务总局《关于个人非货币性资产投资有关个人所得税政策的通知》(2015年3月30日)第2条规定:"个人以非货币性资产投资,应按评估后的公允价值确认非货币性资产转让收入。非货币性资产转让收入减除该资产原值及合理税费后的余额为应纳税所得额。个人以非货币性资产投资,应于非货币性资产转让、取得被投资企业股权时,确认非货币性资产转让收入的实现。"及第3条规定:"个人应在发生上述应税行为的次月15日内向主管税务机关申报纳税。纳税人一次性缴税有困难的,可合理确定分期缴纳计划并报主管税务机关备案后,自发生上述应税行为之日起不超过5个公历年度内(含)分期缴纳个人所得税。"

重大不利变化,导致标的企业大部分或者完全没有完成承诺业绩;第二个“黑天鹅”通常同时发生,也就是作为标的企业上下游相关企业受到波及,收购方股价断崖式下降。

## 四、客观变化造成业绩受损的安排

承诺业绩能够实现的逻辑是经营环境不发生重大变化,评估报告里面都有这句话,但其实很多人都予以忽略;交易合同中都约定了“不可抗力”条款,但是大多数交易又忽略了足以导致标的企业经营环境发生重大变化后导致行业逻辑突变的事由。任何人都无法控制的客观重大变化,不能让退出方承担全部责任。这些变化足以让标的企业大部分或者全部不能完成承诺业绩,也足以让作为对价支付手段的上市公司股票下降数倍以上。在交易双方达成共识可列举的范围内,约定不常见但可能发生的重大客观情况,一旦出现并对标的企业及上市公司股价造成实质性影响的情况,其损失应由交易双方根据公平的可承担原则分担。

### (一)“可承担原则”

“可承担原则”是一种公平性安排,所有交易参与方对未来都充满期待,否则,交易就不会发生,以至于忘记了极端情况下的风控措施。所谓“可承担原则”,是指并购退出方对收购方的业绩承诺补偿总额,不能超过并购交易对价;作为交易对价支付手段的股票的可变现净值低于交易对价的,业绩补偿额不能超过股票的可变现净值。对于“并购退出方对收购方的业绩补偿额,不能超过并购交易对价”的情形,任何交易合同均通过文字或者业绩补偿计算公式进行了约定,这也是并购退出交易的一个习惯;对于“……作为交易对价支付手段的股票的可变现净值低于交易对价的,业绩补偿额不能超过股票的可变现净值”的情况，尚未见到过在任何交易中被体现，目前仅在个别业绩承诺补偿和解案件或者司法仲裁案件中被提及。

（二）“可承担原则”对收购方并无不利，对并购退出方并无不公

在交易合同中约定业绩补偿的“可承担原则”并未对收购方造成不利，它的效果也仅仅是收购方的利益不如原先那么大了。标的企业因行业竞争环境发生不利变化（“黑天鹅”）而大部分或完全未完成承诺业绩，一般不减少并购退出方业绩承诺补偿额度，双方约定业绩补偿额一般以并购交易额为限。但是，同一个“黑天鹅”事件也可能影响到收购方股价，并购退出方的股票在业绩承诺期一般被锁定不能出售，并购退出方不能享受股价波动的好处，但需要承担股价波动的恶果。在业绩补偿协商沟通或者司法裁判中，如果不考虑股价变现的净值可能远远低于交易总价的因素，则会出现并购退出方在特定补偿案件中无力承担的情况。一旦行业竞争环境在业绩承诺期满后好转，标的企业利润回升，上市公司股价几倍增长，则仅仅与收购方相关，并购退出方则无法享受任何翻盘的机会，因为标的企业股权已经作为“补偿款”转让给了收购方，或者作为支付对价的股票已经被司法强制拍卖。因行业竞争客观环境发生不利变化导致的大部分或者完全不能完成业绩承诺的情形，在交易合同中对并购退出方实施必要的公允性对冲保护，对收购方并无不利，而对并购退出方并无不公。

并购退出方因业绩承诺失败而赔付全部收益的可能后果，来自交易的安排，合同合法有效，愿赌服输，自然公平合理；从相反的角度来说，行业经营环境发生有利的重大变化，则并购退出方不仅能够完成承诺业绩，无须支付任何业绩补偿款，而且还会从上市公司

股价数倍提升中获得意想不到的好处。几个亿的并购退出交易额,因作为对价支付手段的股票价格一飞冲天,这属于对企业做多预期(系指愿意接受股票作为对价支付手段,而不是选择现金作为对价支付手段)的一个奖励。

第七章

# 并购退出的员工激励

自然法规则是中小企业员工激励的核心规则，其作用已超过了法律规则；并购退出员工激励的最大范围以员工总数的15%为限；激励的额度以员工创造的并购价值为基础，激励分配原则上向销售、管理岗位倾斜；尽量避免以股份支付方式激励员工。

# 第一节　员工激励概述

并购退出时,如有业绩承诺,需要对员工实施激励;否则,并购退出方将受到损失。这一并购退出中企业家与员工交易的自然法规则,将实质影响多数并购退出企业家的利益。

## 一、中小民企并购退出中员工激励

在并购退出环节,自然法规则的重要性已经超越了显性法律规则。

在传统学科划分中,上述自然法规则的研究和思考,可能已被划入了哲学、政治学、管理学的范畴。

### (一)成文法体系下的法学研究习惯

成文法体系下的法学研究者通过所谓"立法论"方法给立法机关提供立法建议,穷其所能,力图阐释立法背后的逻辑,他们的工作是研究如何实现法律的"善",属于应然范畴,最高理想是参与某部法律的咨询起草,为决策者讲解"善"法之道。

成文法体系下的律师或者其他法律工作者通过所谓"司法论"方法给社会各类交易关系输送规则解析成果,他们的工作是依据现行有效可被援引的法律规则定分止争,容忍可能存在的法律之"恶",属于实然范畴,依据现行有效的法律规则思考,其追求的是影响司法进程,办理最疑难复杂的案件。

法学研究者服务目标是立法机关,没有参与过立法咨询的人可能被认为不入流;律师和其他法律工作者查询法律规则,不能精确理解规则的人可能会被说成不专业。有时候法学研究者会"侵入"

律师的领地,在具体案件中结合法律背后的逻辑分析某个规则的适用和不适用,期待影响裁判结果;个别时候,律师看到某些规则的社会滞后性和不适用性,也会提出所谓的立法建议。

(二)国企员工激励已被纳入法律规制

在国企层面,关于投资、并购、员工激励等事项,大体也纳入了法律规制的范围;企业国有资产管理法体系庞杂交错,独成一支,从上到下,从国家层面的法律、行政法规、规章、指导性意见,到地方、企业的具体规定,环环相扣,形式上不差分毫。一个国有控股的上市公司如果实施了员工激励,则肯定是经过多个管理部门,管理层级审核,拿到了激励的行政审批文件。在中国行政管理体系中,注册制或者备案制、核准制,无论实际运行的程序和显性规定,都是有规可循;而审批,则事实上包含"审慎批准"的内涵,而且还要具体问题具体分析的个案特性。

(三)大型民企具备员工激励规制的能力

也无须替大型民企操心。无论中外,大型企业都是一个被"层级化"的组织。最共性的"层级化"外观就是所谓的"文牍主义",大型民企的任何重要会议,没有不发书面会议通知的,开完会没有不做书面会议纪要的,事关全局的会议精神基本上也会类似于国企逐级向全国分支机构发文传达。大型民企层级制的有效运行表明其已妥善完成核心员工的激励事宜。

(四)普通民众的"趋利避害"

大多数民众参与的人际关系都平稳运行在法律规则边界以内,普罗大众大多生活在一个自我动能放任自游的随性状态,多数人一生在固定收入岗位上知足常乐,偶有变动甚或心焦气馁,既无穿透法律规则底线的胆量,也无触及法律底线的意愿。"民心安则天下安”,中国推行的保居民就业、保基本民生、精准扶贫等鸿篇巨制,顺应了广大普通民众的基本民生需求,取得了有史以来没有过的成就,这足以让更多普通民众安处在优渥环境中,优哉游哉。

(五)中小企业的“薄弱地带”

中小企业及其实际控制人则不一样,区别于上述所有主体。他搭建的企业,招聘了数十个到数百个员工,除了已知的作为经营行为边界的劳动、工商、税务、环保、海关、土地等法律规则,其他各类涉及企业内部交易的规则,付之阙如;国有企业和大型民营企业都有法律或者内部规定保障规范运行,而中小民营企业控制人在并购退出这个可能是他有生以来最重大的交易面前,往往有茫茫无助的感觉。法律对企业家并购退出如何与员工交易的领域,只有行为的边界规则,也就是所谓的签署劳动合同,内含工作日、最低工资、休假休息等内容,却没有行为的适应性指导规则。这必然是一个创设内部规则的“立法”过程,只是所立之“法”仅在企业内部生效。而很多法学研究者并未关注这个领域,很多法学研究者没有意愿也没有动力去研究中小企业个性化内部交易这个领域,这个领域是对法学研究来说成了十足的“盲区”,很多执业律师工作中重视显性的法律规则,这些是通行全国、四海皆宜的行为边界规则。在中小企业并购退出内部交易的领域,中国多数法学研究者、律师很少有涉足,几乎一片空白,法学作为一个实践性学科,存在进军这个薄弱领域的必要性。

## 二、并购退出业绩承诺需要核心员工协助

在并购退出战略分析中,我们已经清楚了大多数中小企业具备“小而弱”的特点,在合规性或者可持续盈利能力的一个或者两个方

面,无法满足通过上市方式退出的条件,不会成为资本市场未来的主流,只能是资本市场的辅助或者补充。通过并购退出,将成为诸多中小企业家兑现财富的主流通道。

同时,中小企业的“小而弱”还体现在企业家的专业能力、决策能力以及对有专业技能和经验人才的吸引力比较弱,导致“小而弱”的中小企业规模上升乏力,合规性大有不足;中小民营企业的员工在经济收入上大多还处于中等偏下阶层,几年来城镇在岗职工平均工资收入数据显示,就业于非公有制企业中的员工收入明显低于国有企业,[1]民营企业的员工对中高收入存在期盼;同时,中小民营企业通常已经创设了雷同于大中企业的层级管理体制,多数还没有开始实施股权激励;企业家在并购退出的业绩承诺,需要核心员工的鼎力协助。

经验表明,群众路线是任何事业成功的最基础逻辑。2700多年前,中国文明轴心时代早期就有“以众人之力起事者,无不成也”的断言,[2]如此言不虚,“内圣外王”曾国藩“集众人之私(利)”成就一人之伟业的精准领悟力更让人佩服。[3]

必须说清楚,任何企业搭建的层级制均有效能的边界。企业家之所以选择并购退出兑现财富,而不是将自己的企业做大做强,通过上市方式退出,是客观上不得不为,而不是可为可不为的自主行

---

[1] 根据国家统计局官网2020年5月发布的2019年城镇单位就业人员平均工资的相关数据:2019年全国城镇非私营单位就业人员年平均工资为90,501元;城镇私营单位就业人员年平均工资为53,604元。

[2] 出自管仲《管子》,载诗词名句网,https://www.shicimingju.com/book/guanzi.html,最后访问时间:2021年3月14日。

[3] “集众人之私者,可成一人之公!”为曾国藩幕僚赵烈文给曾国藩的建议。参见萧一山:《曾国藩传》,江苏人民出版社2015年版,第149页。

动。中小企业的“小而弱”,就是企业家在无所不用其极的商业战场上的客观战果,如果有任何可能,它必然会逐步迈上“小而强”甚至“大而强”的台阶,而不是在“小而弱”状态下出售企业。虽说大企业也必然存在随管理层级拉长而递减的“边界”,超过这个边界,效率低下,直至无效甚至负效。但是,只要企业还在有效增长,员工人数、营业收入与利润同步增长,它就有可能继续扩大管理半径;中小企业在出售时候,各种主客观因素已经让企业家感知到,他已经快触及他管理效能的“边界”了。

### 三、员工激励非易事

不同的企业,不同的激励目标,对应不同的激励措施,激励方案也千差万别。员工激励非易事,不得不深入思考。

有些激励措施,如国内某 IT 硬件企业早年在海外上市初期的核心员工激励计划,站在“多头”角度向员工赋予股份认购期权,最后以公司股价低于行权价格而导致员工怨声载道,员工激励计划基本以失败告终。再如,另一家足以代表中国创造精神的超级企业,其员工持股计划在企业发展期起到了最理想的效果。这家企业在表决权角度看,存在实际控制人,而从穿透后的分红权角度来看,股权极度分散,穿透后最大自然人股东的分红比例也非常低,大多数被激励的员工都乐享其中,自己就是企业的股东,同时也是企业的员工,自己分享自己努力的全部成果;但是,在目前的企业成熟期,这家企业也困扰于过度激励带来的其他非预期后果。对那些每年实际税后收入以千万元计的顶级核心员工来说,享受生活的吸引力可能已经大于勤奋工作的牵挂力;这些人历经百战以一当十,行业经验丰富,富而不老仍然在核心岗位的结果是,这家伟大的企业可能部分失去为其创造伟大的那些动力；同时，这家企业员工的股份属于受限制股份，不能在社会流通兑现；这家企业如果尝试着将非流通股份全流通，则更加可怕，如果这些受限制股份有一天能够公开转让，按资本市场对这家企业可能存在的狂热追捧程度预估，足以让数千名核心员工获得亿万身家。对于普通人来说，尤其是对于这些勤奋的聪明人来说，人生苦短，其乐无涯。这种情况下，又有谁能够阻挡这些员工"卸甲归田"享受生活的脚步，靠人才聚集搭建的高效运营体系，"其兴也勃焉，其亡也忽焉"，"财散人散"的逻辑，会不会在这家企业上演？

## 第二节 激励范围

### 一、激励最大范围

一个预期兑现亿元到10亿元财富规模的企业家并购退出项目，标的企业对应的预期净利润大致在数百万元至数千万元之间，其员工人数大致在数十人到数百人之间，各行业虽然有所差距，大体如此。[1] 其中，核心员工大概在10人至50人之间，亦即员工总数的15%上下，这是并购退出中能够获得激励的员工最大范围。超过这个范围，没有必要实施激励，实施激励也不会产生预期效益；或者说超过这个范围对员工实施激励，推进激励的成本会超

[1] 以北京市统计局近几年给出的北京市全年的地区生产总值除以相应年份北京从业人员总数，可以大致得出北京从业人员人均地区生产总值为26万～27万元。地区生产总值（GDP）包含工资及利润等。

过实施激励的收益。同时,如果获得激励的员工占比过低,也不能达到激励的最佳效果;对个别少数核心员工过分激励,会减损企业家公平收益,同时不会达到激励目的。

## 二、激励范围的特殊目的因素

为并购退出目的而推出的员工激励计划,必须被激励员工的范围也应包含目的性因素。也就是说,这个激励是专门为并购退出服务的。除了那些因岗位重要的因素被激励的核心员工外,对能够直接或者间接影响利润实现的非传统的核心岗位。例如,炊具公司案件中的核心业务员,一般企业并未将其纳入激励范围,但是,恰恰是这家炊具公司的独特销售模式(下游分销商小而分散)和业务员管控习惯(分销商与业务员具备个人情感纽带)导致了"业务员离职—客户流失—收入和利润下滑"的经营逻辑。如果这家炊具公司的下游客户是大型连锁用具店或者连锁超市,甚至或者是直接使用炊具的消费者或者终端用户,企业与消费者对接的渠道不被业务员掌控,就没有必要激励不属于核心岗位的非核心员工。

## 三、激励范围的时间因素

除了关联方之间的交易,任何并购退出交易都不是因为你承诺了业绩就能促成。在并购退出交易前的几年,标的企业还必须做好业绩累积、业绩储备和业绩冲刺的准备,在承诺业绩切实可行和承诺业绩最大化之间寻求平衡。没有一家收购方愿意看到所收购的企业业绩承诺期结束后利润瞬间大幅度下滑,在交易合同中也有相应把控条款,在业绩承诺期末还需要对标的企业进行资产减值测试(这里的资产减值测试,是指对收购方持有的标的企业投资权益减值测试),在业绩承诺补偿外附加股权出售方责任。所以,激励措施也必须保证业绩承诺期结束企业业绩不发生较大的不利变化。一般情况下,在交易合同中,都会有核心员工在交割后任职最低年限的限制,也会有核心员工提前离职的赔偿条款,更会有离职后竞业禁止的约定。我们知道,在并购退出合同中被赋予义务的这些核心员工并不是合同的当事人,这些约定很难说对员工生效,这仅仅是并购退出方的合同义务。为了妥善履行交易合同,如需这些被赋予退出方合同义务的核心员工协助履行合同,相关补偿或者激励也要一并考虑。

企业家并购退出的实践表明,收购方一般不会因标的企业核心员工违约提前离职或者违背竞业禁止义务离职去竞争对手就业而单独追究核心员工或者退出方的违约责任,但是,如果因退出方未完成承诺业绩引起纠纷,核心员工提前离职或者违背竞业禁止的违约或者损失赔偿责任会被一并追究。在并购退出中,全部或者大部分完成承诺业绩则"一俊遮百丑",全部或者大部分未完成承诺业绩,则一损俱损。

## 第三节　激励额度及其分配逻辑

每一个有员工激励想法的企业实际控制人都会咨询这个问题:我需要拿出来多少股权用来激励核心员工?这个问题是由如下几个因素决定的。

## 一、历史承诺或者许诺

### (一)历史承诺或者许诺必须落实

创业如同带兵临战,而战场上重赏之下必有勇夫。很多企业家在创业路上,曾经或明或暗地对某些作出突出贡献、勤奋工作的核心员工作出过承诺,有些承诺具体明确,有些承诺晦涩不清;但是,此一时彼一时,许多老板在临近退出时,忘记了此前的应许。这是兵家大忌,必然打乱阵脚。

如果企业家曾经有过应许,需要了解承诺的具体内容,是对员工历史贡献的确定性承诺,还是对未来可能贡献的许诺。对于前者必须无条件落实到位,对于后者则需要根据并购退出的实际情况,以共进退为原则具体落实。

### (二)案例:某药企撕毁高额激励的后果

某药企的大股东就面临着这个严肃而复杂的问题。按照大股东此前的安排,公司核心员工获得了标的企业40%的股权。经严格的专业思考论证发现,这属于事实上的股权激励,员工持股平台通过名义上市场化的方式协议受让了第三方持有的药企公司的股权,转让股权的第三方虽然也是按照规定实施的市场化转让操作。但这疑似与大股东存在实质上关联,最起码可以认为这是大股东通过放弃了优先购买权方式给员工提供的激励。药企公司的CEO已经通过持股平台(合伙企业)让员工掏钱购买了这40%的股权,他也是实际股东之一。员工股权成本大概相当于注册资本(原始出资成本)的150%。他得到通知,大股东计划重新安排员工股权激励计划,搞得人心惶惶。

大股东另有安排的起因在于一家知名的风投机构为这家注册

资本(原始出资成本)1 亿元的初创企业估值 40 亿元,拟投资 5 亿元,股权占比 12.5%,风投机构已经与药企公司签署了投资协议,这引发了大股东重新安排股权激励计划的行动。按照新估值,员工持股不到 1 年,增值超过 25 倍。

不得不说,这家药企公司原来的员工持股计划粗鲁而笨拙,在未做充分安排的情况下,就实施了员工股权激励计划;员工购买股权后(正如前述论证,其实质是大股东通过放弃优先购买权让核心员工获得利益,属于事实上的股权激励),也就是实施完员工持股计划后,再重新予以调整,则属于错上加错,十分荒谬。

一年前大股东放弃优先购买权允许核心员工无条件集资平价购买了第三方持有的这家药企 40%的股权。从法律外观来看,大股东再无调整的权利,或者说已经失去了调整的机会。个别获得激励股权的核心员工已经离职,找不见踪影,电话不接听,通知不回复。他们确信,他们的股权是确定的、无条件的,已经获得了明星级别公司的未来,何苦还要奔命于现在,离职行为暗示着他似乎在等待公司上市后套现。过度激励,就可能达到与激励目的相反的效果。

目前为止,这家药企与核心员工的激励计划矛盾尚在持续,相关融资事宜因此也陷入停顿,药企公司也开始出现资金困难。

## 二、价值(或者损失减少)考量

企业家以企业利润为基础并购退出兑现财富,核心员工协助企业家完成并购退出,是企业并购退出估值的必要组成部分,如果离开了这些核心员工及其持续性服务合约,标的企业不可能被收购或者不可能按未来收益法以净利润的十几倍估值被收购;核心员工是服务提供方,企业家是购买方。劳动合同确定的薪酬标准,是企业家通过企业购买这个服务的价格;为了激励核心员工,企业家在核心员工为自己兑现财富新增的价值范围内,可再次承诺向核心员工提供额外报酬。

能够精准被描述出来的所谓“核心员工为并购退出提供的价值增量”是因为收购估值与净利润之间的倍数杠杆关系产生的,很多中小企业存在与销售合同金额挂钩等引起销售增长的销售奖励措施,销售部门获得合同金额一定比例的提成奖励;这个提成奖励也面临着类似战争“无所不用其极”的竞争逻辑,市场提成比例高的那个企业可能会获得更多的订单。销售过程中的高额提成,意味着销售费用高,增加了销售人员的当期现金收入(薪酬收入)而减少了企业当期净利润;在并购退出环节,均以净利润的倍数、销售收入的倍数等相对数据来直观评价并购交易金额,核心员工薪酬高低直接影响净利润而与交易对价存在间接对应关系。如果并购退出交易价格是业绩承诺期平均净利润的 16 倍(这也是一个常态估值水平),业绩承诺期 3 年内,则每增加 1 元当期成本或者费用支出,意味着减少 0. 75 元的净利润(此处,因营业收入不含增值税,仅考虑 25%税率计算出的企业所得税)和 4 元的股权转让价款;反之亦然。也就是说,在业绩承诺期 3 年内,每减少 1 元的当期薪酬支出,就意味着增加 0. 75 元的净利润和 4 元的交易价格。这个因销售部门减少销售提成费用而增加的并购退出交易价格,就是销售团队员工为并购退出创造的价值,或者说减少的损失。

一家企业给销售团队按照销售合同不含增值税额度的 50%提取销售佣金,即市场终端价格是不含税出厂价的 1 倍。产品在很短的时间内就占领了市场。如果销售提成从 50%降低为 10%,意味着公司毛利润不变终端价格可以再下降 40%。略懂销售的企业界人士都知道,这种情况必然会导致销售收入快速增长,利润增长的更高更快;或者,将销售提成从 50%降低为 10%,如果终端价格不降情况下,毛利润必然会增长超过 1 倍以上,销售收入不变情况下,净利润会增长数倍。

核心员工的激励可以仅来自其为退出方创造的价值,就是核心员工因减少当期现金收入预期而给退出方带来的股权交易价格的增值,该部分能够被准确地计算出来。上述标的企业股权以 16 倍净利润倍数的估值,核心员工每减少 1 元当期现金报酬收入就会为股东增加 4 元的交易增值,而其中的 1 元成本是核心员工直接的付出,本来属于销售提成;增值净额是 3 元。退出方不仅应该将增值成本补偿给员工,还可以将增值净额的一部分用来激励核心员工。

需要强调的是,退出方在并购退出中的核心利益在于核心员工愿意与其荣辱与共,而不主要在于分享核心员工因减少当期预期现金收入而增加的交易价款,因此,核心员工为并购退出产生的增值的大部分或者全部,都可以分配给核心员工。

上述企业家通过企业与核心员工之间的杠杆交易,如实披露给收购方,其内部股权激励的交易合法有效,这个交易逻辑并未改变收购方在收购后的可持续盈利能力。在企业竞争中,将销售团队不具备杠杆的先进收入置换成有杠杆的资本市场收益,完全合法有效;同时,企业的经营班底还在,盈利能力尚存,如需要按照上述逻辑继续激励核心员工,收购方在收购后仍然可以通过核心员工持股的计划方式,让核心员工以减少当期预期现金收益为代价,获得资本二级市场的杠杆收益。例如,很多民营上市公司都是通过二级市场股价的五折激励核心员工,以实现核心员工与企业的共赢。

### 三、并购退出激励的特殊性

并购退出激励与企业长期激励目的不一样,仅为企业家兑现财富目的而为。在并购交割以及业绩承诺期结束后,收购方为实现标的企业长期发展目标,还有可能实施新一轮长期激励计划。因此,并购退出激励具备非长期性、专项性,解决的是财富兑现的共享;企业家找寻更优秀的收购方为员工提供了更大发展空间舞台以及未来的激励预期,也可以定性为是一种实质激励措施。在激励分配中,不宜过分向个别激励对象倾斜,激励对象分配激励利益,以他对并购退出增值的贡献作为激励的上限标准。

## 第四节　激励要素

激励要素包括如下核心问题:其一,激励的形式;其二,激励提供方;其三,激励条件;其四,激励期间;其五,购买成本。

### 一、激励措施

(一)避免股份支付

如果标的企业的大股东要求重新安排员工持股,则在法律上构成一种典型的股权激励,即所谓的股份支付。

"股份支付"的激励对象需要承担个人所得税,虽然按照2018年税法,非货币形式的激励其个人所得税可以递延5年内分期支付,但是,个人所得税的支付额度不能改变,这需要深入思考。例如,标的药企的CEO,通过持股平台企业间接持有1000万股权,亦即10%的股权,投资成本1500万元,融资被稀释后剩余股权比例

8.75%,市值3.5亿元,扣除投资成本后增值额度为3.35亿元,应纳个人所得税金额是6700万元。股份支付需要公司承担,无论所支付的股份来自公司低价增发,还是大股东其他关联方低价让与。从实质重于形式的视角来看,这个标的企业的激励利益来自大股东的低价让与,如果大股东对独立第三方股权行使优先购买权,该股权将属于大股东持有;假定激励股权市场价格按照私募投资估值确定(依规应当如此),在私募投资进入后,员工激励股权占比35%,按照40亿元的估值,激励股权市值14亿元,扣除激励股权投资成本6000万元,激励股权增值额度也就是股份支付额度13.4亿元。股东不仅应该按规定缴纳个人所得税2.68亿元,当然个人所得税可以递延5年缴纳,而且,这家药企还需要将该股份支付金额以管理费用名义一次性扣除;扣除管理费用的当年,直接减少当期税前利润13.4亿元。

如股权激励以股权激励的法律外观形式出现,必定需要评判是否构成股份支付。股份支付增加了被激励员工税负成本,而且必然减少标的企业当期税前利润。本意为增加核心员工收入而实施的激励措施,因为税务成本会导致大部分员工裹足不前;本意为增加标的企业利润的激励措施,反而成就了利润减少。这当然不是并购退出所要的激励措施。

并购退出的激励必然发生在并购退出协议签署日1年以上,在激励时,标的企业前后半年并未以高估值发行过股份,除了原始股东以注册资本名义价格出资外,历史上基本未实施过股权融资。激励当时标的企业真实市场价格(但是不低于标的企业净资产标准)本身就构成实质激励行为,有激励之实而无激励之名,将不会产生个人所得税成本,标的企业也不会因股份支付产生管理费用支出。

### （二）非股权激励措施

同时，考虑到随后将要讨论的激励条件，也就是为特定目的的激励措施，必须达到服务于特定目的的要求，企业家需要深入考虑各类非股权类的变通性激励措施，用协议方式而不是依靠工商注册等方式去落地。即便是股权激励，也需要通过企业家与核心员工之间的协议而不是常规的股权激励似的公司内部会议、文件等方式管理；协议具备对私性、相对性，保密且有效。我们已经知道，在实施并购退出中，对员工保密至关重要，因此，协议中的安排，一定不要指向“并购退出”，选择指向所谓的“上市”“资本运作”或者其他更笼统的表述方式即可。

## 二、激励提供方

激励提供方是激励对象服务的购买方，按照常理，激励提供方应当是实施并购退出的企业家个人最为适宜。

如果激励措施是非股权注册方式，而且是通过协议方式管理，则激励提供方也就是企业家个人与激励对象签署相关协议，约定企业家兑现财富目标额度，以及激励对象分配额度和分配时间。

如果激励措施是股权注册的方式，则由实施并购退出的大股东向激励对象转让标的企业股份，并通过一定的控制措施，例如，持股平台等方式，使激励对象获得的股份在激励期间内流通受到限制，并根据并购退出实际效果，使激励对象获得兑现。

## 三、激励的重点对象

所有激励条件均应围绕标的企业净利润的实现，依据财务规则消除或减少对净利润的任何不利影响。而任何企业的净利润都是由一些前端采购、生产、销售、综合管理等环节在起作用,每一个行业、每一个企业情况各异,需要细细琢磨。

(一)渠道及生产是激励重点

任何规模经济行业都激励渠道兼具生产。对于普通家具厂来说,签署进入大型顶级自营连锁家具卖场的采购协议(批量采购订单),则意味着产能饱满,成本降低,营业收入和利润有保底;通信代维行业的低成本人力资源和长期订单是利润的“任督二脉”;技术和研发团队是高科技企业的基础,而在并购退出场景下,如果你不是行业解决方案的唯一提供方,市场渠道仍然是所谓的高科技企业净利润的动力源。

(二)销售能力和团队是激励重点

工厂产能和技术经验已臻成熟,无须担心,而以渠道带动的订单则十分重要。需要重点激励获得大额订单的销售团队,销售能力来自专业技能,因此,激励那些有沟通能力、有深厚专业基础且具备创新思维的人才。能力不由天定,而来自后天习得;能力是长期勤奋和坚持的结果,而具体的工作成果则来自时间和倾情投入,我们称为勤奋,是数十年如一日的累积,也即所谓的“跬步千里”;创新是杠杆因素,创新本身就是一种能力,而能力的来源又回归到本源,创新者能发现鲜花烂漫之地,新的牧场,短期内赢者通吃。

(三)行业管理是激励重点

管理是所有一切工作的基础,管理的效能不仅来自岗位授权,也主要来自个人能力。如果你不信,你可以把一个没有任何管理经验的新鲜人安置在总经理岗位上,任凭他发号施令,看结果如何?管理者的权威来自管理者个人,管理者的权力来自岗位职权,权威产生于管理者的一切背景元素堆积的人文素养和个人修养，如果你聘任了一位气场十足、不怒自威的总经理，无论他是否是专业工作者，恭喜你，那个人就是你重点激励的对象。

## 四、激励的特点

并购退出激励相对于通常的激励来说，具备时间短期性、未达期限的人文关怀等特点。

### （一）激励的短期性

一个以上市为目的的激励，时间跨度期间必然在上市之前 3 年以上，以及上市之后 3 年以上，大概的时间不会少于 7 年。上市之前 3 年意味着这 3 年是申报材料所需要的合规性、可持续盈利能力的证明期间；上市之后 3 年以上，则内含激励对象需要与大股东共进退的需求。大股东在上市后 3 年内不能退出，如需退出，必须锁定超过 3 年。上市不是目标，大股东退出或者有效兑现财富才是上市的基本原则；上市后，长期保持可持续盈利能力，是上市公司市值的基础。因此，上市股权激励具备长期性、持续性，在上市公司存续期间，都必须持续实施激励。

在并购退出环节，需要提前 1 年以上的布局，向收购方展示可持续盈利能力，而业绩承诺期或者并购交割后的管理期间通常是 3 年以上。因此，激励期间虽然不长于上市，也至少需要 4 年以上的光景。

对于核心员工，我们已经在前文说明，交易合同中通常约定其在交割后有任职最短期限限制，通常是 5 年或者 5 年以上，对于这些激励对象，根据具体情况还需要另外安排激励收益退出期间。

### （二）未达期限的人文关怀

并购退出激励兑现期间需要具备人文关怀。对那些因客观情况无法履职的激励对象，仍需要根据其实际贡献，兑现其激励收益。

例如,激励对象在获得激励协议后因重病、事故等任何非主观因素导致的离职,均需要有充分的弹性保障。

### 五、激励合约的购买成本

(一)隐形支付手段——工作时间

任何形式的并购退出激励合约,其激励利益必然与企业家财富兑现的额度和条件挂钩,以退出方最终实现的财富相对或者绝对值为收益标准。常规来说,因激励合约约定的利益兑现的期间条件,任何主动提前离场的激励对象,都无法全部获得激励利益,激励对象期满离场,是激励对象支付的核心成本。在激励期间内,激励对象必须为企业家退出守满全场。

(二)激励合约的购买

仅仅支付(上述工作时间组成的)机会成本还不足以让激励对象有信心地期望顺利完成激励合约。市场销售增加客户黏性的有效手段之一,就是收取对方或者向对方支付一定费用,无须太多,也足以提高客户购买率;有交易经验的律师总会拒绝任何不支付前期费用而仅承诺后期按比例支付费用的法律服务邀约或者要约;如果客户不支付一定的费用,在案件遇到困难时(这通常是不可避免的),他会轻易解除委托而自我感觉没有损失。

如果激励对象获得了形式上免费的激励合约,他会认为这个合约不值钱,如果有价值(值钱),为什么会白白送人?

企业家退出有通常的增值空间。并购退出对于轻资产或者零资产行业企业来说,股东增值空间可能达到净资产的十几倍乃至数十倍;对于重资产行业,其增值空间大致在净资产的数倍上下,行业不同,差距很大。例如,对于通信代维行业来说,明显属于轻资产行业,其预期增值空间大致在净资产的十几倍;而社区宽带属于重资产,并购案例显示,其股权并购退出金额大致相当于净资产的3~4倍。

核心员工激励收益来自其为企业家创造的退出价值,其增值空间相对于净资产来说以数倍计,可以考虑在机会成本、当期现金预期减少等成本基础上,让核心员工以不少于净资产的额度,直接向标的企业大股东支付股权受让成本。

## 六、案例:江西某企业的并购退出

人的成长和成熟,都发生在具体而深刻的经历中,专业人员、企业家也不例外。关键场景,如极致成功的喜悦、重大惨败的沮丧、人际关系的破裂、被信任的人诈骗,都会让人快速成长。如果没有亲历其间,这位案例中的老板在并购退出交易前,不会相信自己在并购退出中有可能输得这么惨。

这位老板出生并创业于江西,长期在北京定居,而其生产企业在江西某县。这应该是一个深思熟虑的安排,作为首善之地,得风气之先,人才集聚,为企业发展吸引到了必要的决策人才;而生产机构则安排在了乡村,成本可控。初次见面,他像老朋友一样给人以信任的微笑,自然而有礼貌;但神色十分憔悴,透着隐忧。

1. 案件背景

材料显示,标的企业是生产大宗工业原材料的中型企业,在2015年、2016年经审计的净利润为4000万元左右;收购方与标的企业专业团队协商大概以2016年净利润的15倍给标的企业估值,标的企业100%股权估值6亿元;本次出售给上市公司70%股权,作价大概4.2亿元;根据交易双方对标的企业的估值意愿,收购方在

2016年委托评估机构出具评估报告，以未来收益法给标的企业股权评估6亿元；该公司账面净资产额度比较高，超过了5亿元，所以账面基础法的评估结果也大概是5亿元。这样看，其实原股东本次出售的增值额度非常低，增值额才大概1亿元。

2. 第一个交易结构缺陷的标的企业估值太低

以2016年静态不变净利润15倍作为估值标准来看似不低，而拿退出方承诺的标的企业2017年、2018年、2019年的净利润达到6400万元、8400万元、8500万元比较，就不一样了。我们都已经清楚，以净利润一定倍数评价标的企业的估值，并购退出时参照的应该是业绩承诺期可变的动态净利润，而不是业绩承诺期之前那一年的不变静态净利润。按照业绩承诺期动态平均净利润（约7767万元）评价标的企业估值（6亿元）倍数，仅仅7.7倍，相对于双方专业团队预设的15倍估值评价倍数，相差48%。也就是说，估值的净利润倍数确定后（15倍），标的企业100%股权的估值不应该是6亿元，而应该是11.65亿元；而标的企业70%股权也不应该是4.2亿元，而应该是超过8亿元。两者相差近4亿元。

3. 第二个交易结构缺陷：给员工激励时，没有保证其与企业负责人共进退

标的企业早几年有上市的安排，曾经引入一部分外部投资人，也给高管实施了实质性股权激励。再次强调，所谓实质性股权激励，是没有股权激励之名的激励，也没有按照股权激励套路签署相关激励合约，而是直接将一部分股权按照名义注册资本价格注册到高管个人名下。本次并购退出70%股权，这个老板只占其中大约1/3，交易对价不到1.5亿元，并且用上市公司的增发股票作为支付手段，锁定期3年，到期全部解锁，不分期解锁；其他股东也就是外部

投资者、高管持股在本次并购退出中则全部一次性转出,也是上市公司增发股票作为支付手段,但是,锁定期仅为1年,绝大部分高管在股票解锁期后股票市值增加一倍时候套现走人。剩余30%未退出的股权,绝大部分是这个老板自己的股权;老板本次退出股权相对于其持股总额来说,占比不到50%。

这位老板人是真的好,决定自己一个人为全部70%股权退出提供业绩承诺,如果承诺业绩未完成,老板向上市公司提供杠杆补偿,也就是业绩承诺期没有完成1元净利润,高老板要承担大概1.8元的业绩补偿,其他人当然乐于接受。企业核心员工在并购退出中获得了利益,但是该利益没有与老板共进退,是这个交易的第二个重大交易结构缺陷。正是这一个对老板极端不利的结构性杠杆补偿安排,导致首年业绩未完成金额近3500万元,老板需要向上市公司提供近6300万元的补偿。这个项目是上市公司发行股份支付购买款,老板的股票锁定3年不能出售;据了解,老板质押股票获得了非银行金融机构的贷款,向上市公司支付了第一年补偿。此时他已心力交瘁。

我们知道,在并购退出中,如有业绩承诺,并购退出方需要实施员工激励,否则,将会给退出方造成损失。这是我们重申多次的一个自然法规则。因企业家搭建了团队作战的机制,整合了劳动和资本资源,企业应运而生,企业家因此获得不确定利益,也就是利润。在并购退出中,恰恰是企业家一次性聚结将十几年预期利润套现的场景,此时对员工激励恰逢其时,但必须让员工与自己共进退。看来,江西这家标的企业老板,并不知道这个逻辑。他给核心员工实施了激励,这个激励是不附带任何条件的实质性激励,在并购退出时,未能将核心员工利益与自己的利益捆绑,未能实现核心员工与自己共进退。核心员工高额套现后纷纷离场,这完全是人之常情、无可厚非,留下老板在并购“战场”四顾无人、孤寂苦撑。

4. 第三个交易结构缺陷:反向增资交易安排

反向增资交易这个不可理喻的交易结构缺陷,几乎让这个老板血本无归。

标的企业和其他同类中小企业一样,多数销售合同都属于赊销性质。标的企业流动资金需求量大,对此,交易双方都看到了。为了解决标的企业的流动资金需求,交易合同约定在并购交割后,标的企业股东需要同比例现金增资 1.5 亿元。也就是说,上市公司向标的企业增资 1.05 亿元,而这位江西老板需要同比例向标的企业现金增资近 4500 万元。老板仍然用股票质押贷款,终于完成了合同增资义务。

反向增资的交易安排,与股权并购退出的方向正好相反。这位老板之所以向上市公司出售股权,其目的是使其非流动的非上市股权资产流动起来,也就是用非上市企业非流动股权置换成流动性较好的上市公司股权,其目的在于兑现财富。但是,老板又用流动性最好的现金重新注入标的企业,而且是以实缴增资的方式。我们知道,如果将资金出借给标的企业,标的企业到期必须偿还;如果是以增资方式注入标的企业,一旦标的企业经营陷入困境,股东的出资就等于损失了。

这位老板的这个出资并未增加其在标的企业的持股比例,在并购退出通道中,高流动性的资产反向流动,用具备充分流动性的现金换成不具备流动性安排的非上市企业股权。该行为充分表示:这个老板根本没有思考过退出战略,对并购退出的性质、目的也是一窍不通,毫无章法,胡乱出招。这与西谚“瓷器店的公牛”乱闯乱撞的效果又有什么区别？

5. 并购退出交易中的老板面临的窘境

笔者根据初步资料与江西老板的专业团队进行了沟通。笔者谈了自己的基本想法，每一个人都在静静地思考。他们不仅在思考已经过去的2017年，也在思考马上就要结束的2018年。

2018年，标的企业未完成业绩额度超过8000万元，按照补偿杠杆率，这位老板需要向上市公司提供超过1.4亿元的业绩补偿。到这里，这位老板已经无能为力了。所获得的大概市值1.5亿元的上市公司股票，短暂上升过最高1倍，这个时点，其他投资人包括高管大部分成功套现，而股价在2018年后又几乎打回原形；老板的股票全部质押给一家金融机构，贷款主要用于偿还2015年业绩补偿和标的企业的增资款。老板在2019年冬春之际再度陷入焦虑，长夜难眠，日夜不能释怀。

上市公司开始出招，让一家关联方机构向老板提供融资，老板以零星未质押的股票提供担保，贷款4000万元，向上市公司支付了部分补偿款；老板目前最有效的资产只剩标的企业近30%的股权了，上市公司牵线搭桥，让一家公司收购，净得款项大概8000多万元，直接支付给了上市公司。

业绩承诺期是3年，而现在仅过了两年。老板将并购退出所得股票全部质押，贷款余额1亿多元，股票偿还贷款后可变现价值所剩几乎为零；老板将标的企业剩余30%股权全部转出，所得款项全部用于业绩补偿，业绩补偿金额还有数千万未支付完毕。

但事情还远远没有结束。各方在2017年、2018年，尤其是2019年度标的企业业绩完成上承受了巨大压力。上市公司公告显示，标的企业资产减值加上常规的营业亏损，2019年度净亏损超过3亿元。依据并购交易合同的业绩承诺条款，老板在2019年度应向上市公司支付业绩补偿款超过两亿元（协议约定最高补偿金额不超过交易总额，超过交易总额的补偿款可不支付）。

上市公司向法院提出诉讼，请求这位老板偿付2018年、2019年度总额超过2.3亿元的未支付补偿款，这还没有计算违约金、利息等损失；为支付2017年、2018年业绩承诺提供质押贷款的几家机构纷纷起诉。上市公司面临交易所无数次问询，左遮右挡，疲于应付。

在2020年春节，老板怎么都想不明白，事情怎么走到了如此地步。不亲身经历，不亲身承受，谁也不能理解老板无以复加、无法排解的痛楚。如果企业家并购退出以这种方式收场，每一个人都肯定已经无数次后悔，我为什么要创业？我为什么要并购退出？

6. 案例启示

在并购退出中，企业家处于被动交易的地位，不仅在天然的交易态势中处于劣势，更重要的是在决策信息方面也处于劣势。上市公司在天然交易优势中只需要聘请仅具备法律规则解析能力的咨询团队即可，所提供的咨询意见局限于评判某项行为或者约定是否触及规则底线，这是显性法律规则调整的范围；而作为退出方的企业家，如同本案例中的这位老板，不仅存在自然法状态下的天然交易劣势，而且其专业团队也是一知半解或者存在理解偏差，恰如闯入瓷器店的公牛，胡乱走动，毫无章法，看来不把瓷器打碎，几乎没有可能了。

并购咨询对收购方来说，可以仅仅是包含所谓法律意见书的持牌业务，因为上市公司获得这个必要的法律文件后，[1]还需要聘请

---

[1] 根据中国证券监管规则，上市公司以发行股份方式收购非上市企业股权，需要聘请律师出具法律意见书。

专业顾问机构向核准机构(证监会)或者注册机构(交易所)申请核准或者注册,对收购方来说律师的作用仅仅在于合规性审查。对退出方来说,咨询方的核心作用在于规则之内的腾挪空间,与收购方聘请律师出具法律意见书的持牌业务不同,法律意见书必须遵循规定程式,不能相差分毫,创新余地有限。而任何并购退出都是个性化的在规则空间内的创新、创造,没有任何并购退出是一样的、雷同的。

# 第八章

# 并购退出的实施

并购退出交易的实施核心：消除交易障碍，寻找收购方，促成交易原则。

# 第一节　消除交易障碍

消除并购退出的交易障碍，是企业家并购退出的主线条，贯穿始终。并购战略规划环节的交易障碍，主要是企业家的认知障碍；在交易实施环节，主要是专业层面的技术障碍。战术障碍易消，认知障碍难除。很多项目起步维艰，是因为很难劝导企业家改变想法，对于自信满满固执己见的人，必然会歧路漫漫。

## 一、显性交易障碍与隐性交易障碍

交易障碍堵塞了退出的通道，让退出方无法前行，更让收购方惧而却步。无法消除交易障碍的，企业家的股权类资产，将可能从普通的非标资产降档为不良资产；障碍所涉及的风险一旦爆发，并购退出将成为空谈，企业可能从此一蹶不振，一路下滑。

在并购退出交易合同签署前，并购退出的核心工作就是发现退出障碍，并找寻消除这些障碍的方法。显性的交易障碍如拦路虎，前行的道路在物理外观层面被阻，无论是企业家自身还是企业家的核心员工都心知肚明，这是遇到"事"了，只是无法找出消除这些障碍的办法；有些障碍是隐性的，退出方仅感觉到手脚被死死捆绑住无法行动，却不知道这些障碍是什么，更不知道如何消除。

大部分显性障碍在签署并购退出交易合同之前都已被消除；而有些隐性障碍带来的恶果则会出现在交易合同签署之后，给交易稳定性或者顺利完成交易带来不利影响。

## 二、交易障碍的产生

并购退出交易的障碍主要来自标的企业相关主体尤其是大股东自己的历史交易，并购退出方因这些历史上的交易而作茧自缚。我们知道，企业产生于各类内部交易和外部交易，如投资协议是企业与股东之间的交易，员工持股计划是企业或者大股东与核心员工之间的交易，购买资产是标的企业与资产出售方之间的交易。

### （一）历史交易的不确定收益与风险

产生并购交易障碍的这些历史交易，在交易发生当时，交易决策者主观上可能并不构成过失，交易在当时是各方审时度势的成果，虽然尘埃落定后会明白了，但时过境迁时悔之晚矣。任何人都无法以现在已经水落石出状态下的判断能力回到从前重新作出判断。企业家面对的不确定性，当然包括在信息不充分状态下的交易决策，这既有可能创造不确定性的收益，更有可能带来确定的风险。

### （二）风控流程不能化解历史交易风险

有些企业在多重风控流程下的决策，仅解决了风险的外观，并未化解风险的实质。过分追求在更充分信息状态下决策，如果其结果是风险降低，而其收益必定会相应降低；同时，就算风控措施果真有效，它也仅在过程留痕角度是成功的。最佳风控的结果，与风控的初衷正好相反，风控措施不会降低风险的爆发，仅能做到一旦风险爆发足以让所有参与决策的人免责，而不是让企业减少损失。

投资决策委员所能做的事情，就是尽可能多地指出项目风险并记录在案，无法真正消除项目风险。笔者作为一家股权投资基金投资决策委员会的成员之一，将投资标的企业的风险，分成合规性风险和经营性风险，对于前者，必须在投资之前消除，而后者是任何经营中必然面对的,不可能被消除。在投资人角度认定并尝试化解的风险,可能就是企业家不确定收益的机会。

## 三、案例二某地产并购退出案

某地产并购退出案中,大股东在2015年与合作方签署《投资协议》的时候,只能在2015年场景下考量这个投资协议是否理性,而不能在风险爆发的2018年对2015年的投资决策说三道四。

### (一)2015年政策背景下的项目规划

按照2015年项目所在地“三旧”改造的规范意见,“三旧”改造土地无须招拍挂出让,即可直接签署土地出让协议;在《投资协议》中,可以预期的土地底价(各类土地成本合计楼面地价不超过2000元)获得商品房建筑面积近100万平方米的建设用地使用权。按照当时的行情预期,该项目商品房开发周期内的平均售价不会低于1万元/平方米。当时的投资决策者经过粗算就可得出结论:一个预期静态收益超过30亿元、初始投资成本不到10亿元的大项目在《投资协议》描述下,活脱脱地诞生了。《投资协议》还约定,项目公司注册资本3000万元,均为实缴,作为合作方的小股东占股30%,合作方小股东仅负责该项目的社区关系,以“三旧”改造名义获得项目土地使用权;大股东占股70%,需要承担项目后续的全部投资(融资),包括土地出让金、开发建设投资等。大股东向“三旧”项目共管账户汇入5000万元保证金,如大股东违约,应按照该保证金金额的3倍向小股东支付违约金。

### (二)2016年年底政策变化导致与项目预期有出入

2016年年底中央经济工作会议高瞻远瞩,以“房住不炒”为房地产行业定位,这一政策的定力持续发酵,经过一连串的金融、限购等配套操作,房地产行业的预期开始转变。项目所在地“三旧”取得建设用地的操作模式也不太稳定,经过两年多协调,预期的协议转让土地,被以挂牌方式转让,挂牌底价与初始预期之间也有很大出入;拆迁、回迁安置的补偿、建造装修成本轮番上涨,这是应拆迁群众的要求作出的调整。最终,项目公司以 2015 年预期近 2 倍的出价(各类土地成本折合楼面地价超过 3800 元),竟得标的地块。

(三)项目控制方面临的难题

其一,经过专业级别的测算,受制于开发成本提升、预期售价降低的双重挤压,项目初始投资额度远超预期,预期售价已经降低了 10%以上,项目开发已经无利可图,考虑到实际财务费用后,开发收益可能为负数,项目已经没有投资价值。

其二,2015 年《投资协议》约定的合作方小股东不承担项目投资义务而享受特定比例的项目股权,虽然合作方小股东也存在诸多未能履行合同约定的情况,这当然是显而易见,项目未能以“三旧”通道非公开方式获得国有建设用地使用权,项目公司必须与其他人竞争以高价获得土地;拆迁成本已远超预期,人均补偿的回迁房面积、回迁房装修标准一再提高。但是,作为项目公司大股东,在项目推进过程中,总是非常大度地以各类书面方式让不达预期的各类事项逐一过关,而自己承诺的承担项目资金的融资义务并未撤销。控股股东现已无力投资,合作方蠢蠢欲动,意欲向大股东起诉索赔,或者如果项目并购退出,合作方希望获得超过持股比例的收益。

其三,因土地公开挂牌,项目公司竞买成功,除了此前已支付的近 6 亿元竞买保证金,大股东再无力承担后续出让金,每天滞纳金数十万元。政府“三道令牌”予以提示和警示。这是当地政府操作土地挂牌项目的成熟做法,土地出让方在土地出让金付款即将到期时会发送缴款提示函；在土地出让金到期未付时会发送违约警示函；逾期支付土地出让金接近合同约定的重大违约时限节点的，会发送重大违约警示函。在2018年3月初，这个项目的预期违约滞纳金已经近5000万元；土地出让合同约定的重大违约的时点在当月月底即将来临，届时，6亿元竞买保证金（这个竞买保证金在《土地出让合同》签署后转为首期土地出让金的一部分）按约可以没收。

项目公司因大股东融资乏力，已经确定无力支付首期出让金的尾款数亿元，每日数十万元的滞纳金，6亿元保证金马上就要被没收；合作方小股东祸起萧墙已经聘请律师准备起诉大股东违约。项目风雨飘摇，大限来临。

（四）大股东须选择继续开发或退出

标的企业生存发展中必须面对的各类重大问题，必须被妥善合规的予以解决。大股东已经为项目前两年的运营提供了近二亿元的日常费用，加上6亿元的竞买保证金，已经穷尽所有能力；项目相对于2015年项目决策时的生态环境，早已物是人非，大股东几年前的意气风发已经等量转换成今日的沮丧懊悔。是退出还是继续开发。继续开发的选项已无可能，各方最终选择必须退出项目。如果确定项目退出，是出售项目股权，还是寻找合作方一起开发，还是在一切都水落石出无法达到预期情况下，将土地退给出让方。如果是后者，则会面临事实的巨额损失。因此，出售项目股权或者寻找新的合作方，在各方股东内部达成了共识。大股东作出了最坏的打算，愿意损失二亿元与土地出让方和解，放弃项目。

（五）“魔鬼藏在细节中”：消除项目退出的第一个重大显性障碍

所有人都明白，项目公司作为一个专项成立的公司，其核心资源或者核心资产就是标志着竞买成功的《土地出让合同》以及支付给土地出让方的6亿元保证金。项目公司为竞买土地已经支付的6亿元保证金目前已转变成为首期土地出让金的组成部分。依据《土地出让合同》约定,自合同签署之日起30日内,项目公司需要补齐首期土地出让金,否则,需按日1‰的利率向出让方支付滞纳金,项目公司每日数十万元总额数千万元的滞纳金就是由此而来;项目公司逾期缴纳土地出让金超过3个月的,出让人有权没收6亿元保证金,项目公司最大一笔资产因此而处于风险状态下。项目公司股东退出的战略已经确定,这是不得已作出的选择;而项目公司依据《土地出让合同》的违约责任,就是所有人都清楚的显性项目退出障碍。这个障碍必须被消除。潜在收购方也认为,如果政府没收项目公司的6亿元保证金,必然会收回土地,则该项目将没有任何投资价值。

"魔鬼藏在细节里"。这句西方谚语,在任何一个并购退出项目或其他重大项目中都会屡试不爽。细节来自案件事实、法律规则及其两者的结合。所有的细节是否已经被穷尽?《土地出让合同》约定在签约后30日内补齐首期土地出让金,项目公司的滞纳金就由此而来。但是,在出让合同中还存在一个对出让方履行土地出让义务的条款,出让方在《土地出让合同》中承诺签订出让合同当日交付土地,而案发时也就是签约5个月后承诺交付的土地仍未交付。项目公司虽然有交齐首期土地出让金的义务,但按照合同约定这个义务却是在出让人交付土地义务之后的1个月,出让合同约定,签约当日交付土地而签约30日后才应补齐首期土地出让金。

按照《土地出让合同》,出让人交付土地的义务在先,而项目公司补齐首期出让金义务在后。在出让人交付土地之前,项目公司可以依照约定拒绝支付土地出让金。这个条款白纸黑字,字字千金,几个月内被所有阅读合同的人匪夷所思地忽略了,视而不见。

每一个人都不相信这个判断，都认为如果这个可行，何事不可行？

出让人对此作出解释，原“三旧”改造土地存在拆迁等后续工作，土地附着物在物理层面尚未完成拆迁，土地不具备交付条件；《土地出让合同》在线报备必须满足“净地”出让的法定条件，向上级主管部门网络报备的出让合同必须写清楚签约当日交付土地，出让合同才能审核过关。对此，项目公司负责人非常清楚，《土地出让合同》约定签约当日交付土地，与实际情况不符。

谨慎判断得出结论：项目公司根据《土地出让合同》约定拥有针对出让人的“先履行抗辩权”[1]而无须再承担高额滞纳金，近6亿元保证金可以确保安全；相反，出让人根据合同约定，需要向项目公司支付近8000万元的滞纳金，甚至依据合同已经达到了双倍返还保证金的约定条件；在《土地出让合同》中，延期交付土地达3个月的，出让方应该双倍返还保证金，而保证金额度是6亿元，双倍返还就是12亿元。这可能吗？在向客户发送的专项法律意见中，本书作者对这个事项提出如下建议：如能根据实际情况与出让人达成补充协议，确保项目已支付的出让金安全，不再承担逾期支付出让金的滞纳金，客户可放弃所有索赔要求。

这是一堂鲜活的普法课，任何人包括本书作者都获得了提升。标的企业如果得理不让人，其后果未必真的好。与出让人的沟通，在坦诚友好的状态下平稳进行。标的企业一再声称发送法律意见书的目的在于解决项目存在的困难；无意追究出让方的违约责任。当然，希望出让方认真研究相关法律规定，收回要求标的企业

---

[1] 原《合同法》第67条规定了合同约定先履行义务的当事人未履行合同，后履行义务一方当事人有权拒绝履行。这就是合同法上的“先履行抗辩权”。

支付滞纳金的决定。

后来的事情发展与建议一致,《土地出让合同》双方就后续各项事宜达成了合理合规的补充协议,双方均放弃索赔。

(六)消除项目退出的第二个重大障碍

根据大股东与合作方小股东的《投资协议》,大股东需要承担项目后续投资义务,合作方小股东仅须实缴名义的注册资本,无须承担后续投资义务;大股东违约的,违约金高达1.5亿元。合作方在预期30亿元收益的项目中,有9亿元的预期收益;在项目退出中,虽然可能有数亿元的溢价,但是合作方小股东根据持股比例,也仅仅能够享受不到1亿元的溢价收入。小股东开始躁动不安,要求大股东将部分项目退出收益让与小股东,否则,小股东可能不签署退出协议。对于大股东来说,这是项目退出的第二个重大障碍,也必须予以消除。

大股东向项目公司提供6亿元保证金时候,根据各股东方安排,为保护实际出资人利益,项目公司曾计划完成新一轮增资,小股东享受《投资协议》约定利益(不出资就能拥有认缴的出资),在本轮增资时全部采取认缴而未实缴,而大股东根据实际出资完成了实缴。小股东的实缴义务由其项目收益在5年期内填充,其实质效果就是不实缴。但是,这个约定给小股东带来了巨大后续风险:项目一旦失败,连同项目前期数亿元的成本损失和已经交纳的6亿元保证金可能被政府没收。如项目公司因此破产,小股东合并近3亿元的增资认缴将加速到期,不再拥有5年内实缴的期间利益;此期间利益足以让小股东不实缴情况下完成项目开发,小股东预期是在项目上获得数亿元的收益,在项目出售过程中以大股东没有按《投资协议》约定履行投资义务须承担违约责任为由,意图获得项目转让的超比例收益；而项目一旦失败，小股东将会损失数亿元，与大股东一起掉入万劫不复的深渊。

在当面沟通场景下，很多人都是按照基本的商业伦理进行决策，几乎无人会当面蛮不讲理。这也正是重大纠纷协调必须当面沟通的伦理基础或者自然法基础。离开沟通现场后，有些人会主动选择性忘记曾经口头答应的事情，这正是就一个事情频繁多次沟通的原因。电话沟通的效果远低于面谈。在并购退出的内部沟通中，任何一方均不愿意通过司法方式去解决纠纷，所有人都知道项目临渊处危的状态不应该出现，所有纠纷只能通过和解方式解决。内部沟通必须让各方全部理解透交易的实质，也必须公允保护各方利益。内部沟通环节，各方在没有充分理解情况下勉强签署的协议，都会因基础不牢无法履行；强逼履行协议的结果会激发人内心的反抗情绪，让叵测之人获得强词夺理后的内心安慰。

不能用一般商业伦理去揣摩交易对手方的心态，责备、谩骂、争吵于事无补。内部纠纷协调必须建立在利益权衡基础上。在理解透自己的交易风险后，合作方小股东决定放弃对大股东的索赔要求，并就并购退出收益的分配事宜与大股东达成了“按照持股比例分配”的补充协议。在股东达成交易后，部分小股东袒露心声，他们确实考虑到项目不能退出后的风险巨大，项目公司清算时 3 亿元的出资补足责任足以导致其倾家荡产，才与大股东签署了和解协议。

（七）项目消除重重障碍成功退出

在这个案件中，得益于项目大股东实际控制人现场运筹帷幄、处变不惊的处置能力，让人受益良多。当各方放下身段，利用自己的专长为一个良好预期亲力亲为，就具体事项详细地推演推进的时候，其工作成效绝对超乎寻常，足以达到奇妙无比、“机缘巧合”的效果。任何一方放任,如实际控制人对项目退出不加关注,“机缘巧合”的预期效果均无法实现。综观这个地产退出项目的结果,可谓皆大欢喜,所有参与方都获得了公允的对价。其结果的出现且还突破了万千障碍,有些障碍几乎被认为不可能消除。

这个案子说明,在消除交易障碍过程中,对那些几乎不可能逾越的障碍,不能仅凭自己的理解而作出终局性判断。最好的结果总是要面对最大的困难。相信任何一位成功的企业家,在创业过程中,都曾经成功地解决过那些被公认为无法解决的困难。其原理不在于这些具体的障碍最终被解决有多困难,概率有多低。对于任何一个具体的难题,成功解决的概率都很低,低到所有人都相信它不可能成功。而企业家本来就是面对不确定未来的群体,总能解决一个又一个一般人无法承受的难题。这些具体的、让人无法超越的困难,就是那些本来在未来,随着时间推移,越来越具体、越来越现实的困难,所有的困难都是如此,看似不可能,其实总有解决之道。

项目退出障碍消除后,这个项目成功地被一家当地有实力的开发集团溢价收购。

## 四、某矿业企业退出案

### (一)案件背景

一个股东预期退出额度数亿元的案件显示,标的企业是去产能中被关停的某类矿业企业,储量上亿吨,预期退出方持有标的企业30%的股权,标的企业被关停,涉及职工安置补偿资金、固定资产补偿、采矿权补偿、产能置换、土地房屋补偿等,总额高达数十亿元。

稍微了解某矿业行业近十几年发展历史的人都知道,这个行业的民营小型矿业企业在十几年前经历过一次资源整合,原控股股东在那次整合中或者套现走人，或者变成了被整合后企业的小股东。本案标的企业的小股东原来就是被整合企业的大股东，因行业整合变成了小股东，一家大型地方矿企成了标的企业的大股东。

最近几年，为了实施行业自救，这个行业又以去产能名义关停了部分矿企。标的企业很幸运地进入了关停矿之列。据介绍，因各种主客观因素，标的企业作为一家几十年历史的小矿，被各类问题困扰着，如这个矿场原来就是地方国企混改企业，在册职工两千多人，人难管，钱难筹，举步维艰。在资源整合和去产能中，标的企业股东从控股股东变成了小股东，又糊里糊涂进入关停之列，期待着在本次关停中获得足额补偿，但是，因自身交易能力弱，被动交易，在兑现预期财富过程中，存在诸多交易障碍。

时至今日，标的企业已经关停完毕，作为一家存续企业，职工已被大股东妥善安置，采矿许可证已被注销，生产许可证已被大股东控制的关联方企业受让，是标的企业小股东没有获得分文补偿。

（二）标的企业小股东面临的障碍

首先，小股东没有直接的第一手资料，无法对案件事实作出具体推进的决策。这是一些小企业以及企业家在重大交易中存在的固有缺陷，是不注重文档管理的不良习惯造成的。

其次，作为标的企业的小股东，存在预期的巨大利益，却没有直接的路径去实现这些利益，小股东上下求索，无法进入解决通道，小股东不知道责任方是谁、有几个责任方。小股东直接面对的是标的企业的大股东，不知道应该由谁承担责任，承担的是什么责任。

最后，标的企业的小股东不知道自己拥有的是劣后的股权，而不是优先的债权，存在法律认知障碍。标的企业是否获得了充分的补偿或赔偿，以及大股东是如何与补偿义务方进行的交易，小股东也不清楚。

这个案件并购退出障碍的实际情况，相对于书面描述的状态来说，更复杂万倍。

（三）如何消除交易障碍

可以猜测，在补偿交易中，标的企业可能只是大股东实质交易的一个工具，虽然标的企业签署了各类文件、协议，而小股东并不知情；相应地，标的企业的权益包括小股东的权益在此期间可能被忽略；职工利益肯定得到了公允的保护，小股东利益却被高高挂起。

必须将各类历史交易根据相对性原则予以复原，回归其本来面目，在初始环节厘清交易的内容。这个过程，也就是索取历史交易文件的过程；从始至终循序工作，逐步走近或者走入标的企业关停事件。关停的决定人是谁，是大股东为了保自己的其他产能自行决定的，还是大股东在被动执行主管机关的决定；在决定关停后，大股东是否以自己或者标的企业的名义获得了补偿，获得了哪些补偿；是大股东豁免了补偿义务人的全部或者部分补偿责任，是大股东以标的企业名义与补偿义务人达成了补偿包干协议；标的企业的资产已经成为无效资产，探明储量上亿吨的采矿权证书被注销，埋在地下的价值十几亿的采矿巷道和设备则肯定报废，在荒郊野外的房屋和土地在矿场被关停后也一文不值，是否已经被补偿；等等，这些问题对小股东来说都至关重要，是股东并购退出股权定价的逻辑基础。标的企业已被关停，而其资产变现的途径仅有被补偿一条路径，不会被任何其他人市场化收购。所以，标的企业股权估值的基本逻辑，就是以账面资产为基础获得的补偿资金减去负债（包括职工安置性负债），其余额就是股东权益的实际价值。

# 第二节　寻找收购方

## 一、财务核算亏损的项目何以被溢价收购?

为说明此问题,笔者将以房地产项目为例,做一论述。在完成某地产项目出售后,笔者以小学生的学习心态向一位房地产行业资深人员复盘讨教这个案子:为什么一个经专业测算无利可图甚至可能亏损的地产项目,还有人愿意溢价几亿元收购?这位房地产资深人士说,这个项目足够大、开发成本足够高、存在高杠杆,足以引发溢价收购。

### (一)项目足够大

项目足够大,项目中住宅、商业和回迁房合并有近120万平方米的施工量,建安施工合同金额数十亿元,在施工、园区景观、装修等环节布局,潜力巨大。这个不足为外人道也的逻辑,就是房地产行业的潜规则。

### (二)开发成本足够高

开发成本足够高,包括土地成本以及建安成本、财务费用、管理费用等相对于住宅的终端售价来说足够高,显而易见,这些成本和费用可以合法在税前抵扣,足以导致项目的土地增值税成本(这个税种是房屋开发行业最大的成本)降到最低,也就是可以免征土地增值税。[1] 项目汇算清缴时土地增值税适用税率最低情况下,可

---

〔1〕 参照《土地增值税暂行条例》第8条,开发普通商品房,增值额未超过项目扣除金额20%的,免征土地增值税。

能会达到开发收益最理想的状态。

最近几年西部某城市的住宅市场十分火爆,住宅终端最低和最高售价被管理部门死死控制,建安成本和各项抵扣费率也被牢牢限制在特定额度和比例范围内。开发商没有任何机会将建安成本提高,提高建安成本包括提高小区绿化成本本来就是开发商提高抵扣率的传统手段,在这个城市此路不通了。一宗历史成本极低的地块,楼面地价低于同地段土地一级市场价格 10 倍以上,同地段最近几年成交地块楼面地价不低于 1.5 万元/平方米,这个项目楼面地价仅为千元级别。项目公司股东信心满满想并购退出,但是,实际情况令人沮丧,股权转让价格从天降到地板价也无人问津。其核心原因是土地增值税。住宅每平方米超过二万元的控价区间,足以导致项目的增值额超过抵扣项目 200%以上,触发土地增值税 60%的适用税率;同时,尤为重要的是,收购项目的股权转让溢价,依法不能作为抵扣项目;考虑到项目开发实际成本和费用均超过了规定允许抵扣的标准,因此,在缴清土地增值税后,实际剩余的收益占比很少,再支付项目转让溢价的话,收购方所剩无几。这些因素导致该项目最终无人问津。

(三)收购杠杆

该项目对收购方来说存在高杠杆。项目地价成本虽然事实上很高,但是相当一部分是以后期承建回迁房方式承担,而不是直接支付土地出让金;根据并购退出合同安排,收购方收购项目的资金大部分可以延期支付。收购方用很少的当期投入,就能撬动巨大的开发利益。

以数亿元溢价收购这个项目,合情合理。而那个西部某大城市的土地历史成本极低的项目,只有按照接近零溢价转让股权,才会有人勉强收购。

在这个项目交割两年后，退出方因尚未妥收全部股权转让款，委托我再次回访了项目。拔地而起的摩天大楼比肩而立，项目一期几乎销售完毕，二期蓄客满满，尤其重要的是，这个项目的收购方通过各类合规方式从项目抽走了几乎全部收购款。它在接盘项目后，将项目近十亿元注册资本减少至数千万元，项目的部分融资和销售款顺理成章流入了收购方口袋中；同时，它以更高的溢价转出了项目公司母公司的部分股权。如果还有一次重来的机会，并购退出方可能不再愿意出售项目。

## 二、撮合交易的财务顾问

### (一)"华尔街"投资银行的核心业务

华尔街，那条位于曼哈顿岛南端的街道早已经失去了往日的辉煌，而概念上的"华尔街"，也就是美国投资银行业的"代名词"，其上市公司股权承销业务虽然风头正劲，但是，"华尔街"投资银行的核心业务，则在于非上市企业股权的销售。这里的利益相关主体包括传统意义的投资银行，也包括并购律师和其他中介机构。他们在任何一家非上市股权销售过程中，大赚特赚。理论上，发达经济体，企业股权并购退出交易总额大致相当于一个经济体 GDP 总量的 10%～20%，如美国，每年企业股权并购量在数万亿美元。[1]

---

〔1〕 2007 年美国的企业并购总金额高达 1.57 万亿美元，创历史新高。参见《今年美国企业并购交易总额创新高》，载搜狐新闻网，http://news.sohu.com/20071221/n254216602.shtml，最后访问时间：2021 年 3 月 15 日。2007 年美国 GDP 约为 14.45 万亿美元，并购总金额约占美国当年 GDP 的 10.8%。

（二）中国股权并购居间行业

在近几年的中国，以撮合交易为主营业务的财务顾问机构在任何一个并购退出项目中若隐若现、如影随形，它类似于但又实质性不同于“华尔街”投资银行。华尔街非上市企业股权销售业务，既包括交易的撮合又包括实质性的专业服务，也就是华尔街投行会向非上市企业股权出售方输送促成交易的各类积极元素，这当然包括交易障碍的消除，而中国近些年兴起的非上市股权承销行业，则仅仅是交易的撮合。在某地产退出项目中也存在这类撮合交易的财务顾问，只是它没有从并购退出方而是从收购方那里收取了居间费用，而且，这个项目是在消除交易障碍后被两家收购方竞购。

（三）成交关键在于项目的收购价值

对任何一个并购退出项目来说，被频繁提到的问题是：收购方在哪里？如果一个项目具备并购退出的条件，还需要聘请以撮合交易为主营业务的财务顾问去找寻买家吗？

潜在的收购方之一，是同行业或者相关行业的大中企业或者上市公司。这些收购方通常都在标的企业上、下游，有并购能力的大中企业信息随处可查，以撮合交易为主营业务的财务顾问机构的核心卖点在于购买的意向信息。在这种情况下，如果没有聘请财务顾问机构，将不会给并购退出造成太多不利的影响。成交的关键在于项目是否存在收购价值，而收购价值来自恰当的并购退出战略、项目的实际价值、并购交易的障碍消除，不在于交易信息的撮合。某地产并购退出项目，是收购方而不是并购退出方支付了财务顾问费用，恰恰说明了这一态势。

上市公司发起并购的动因在于并表利润，有可持续盈利能力的标的企业，能够给上市公司带来流动性补偿的稳定收益，不愁找不到买家。但是，为什么这个以撮合交易为主营业务的财务顾问，仍然随处可见呢？

这不得不从促成交易的决策程序中找寻原因。那些声称能够撮合交易的财务顾问，不仅向并购退出方提供购买意向信息，而且声称拥有与购买方决策者的沟通渠道或者沟通能力，可以提高并购成交的效率，缩短交易流程，以此为退出方带来价值，足以吸引退出方与之签署居间协议，让其进入交易撮合环节。

### 三、避免“独家”协议

并购专业咨询顾问与撮合交易的财务顾问，为促成退出交易的共同目标，在一个项目中共同出现，基本上井水不犯河水，在各自领域为并购退出服务。但是，在签署《财务顾问（居间）协议》的时候，必须避免出现那种所谓“独家”的独占协议，为了提高工作效率，可以与数家财务顾问机构签署短期（一般以半年为宜）的居间协议，并对高效团队实施奖励。奖励的逻辑来自两个方面：其一，缩短交易流程，早日促成企业家兑现，为企业家高效交易提供了利益，企业家可以奖励居间方；其二，利用其影响力和沟通能力，为企业家提高交易对价作出贡献，企业家可以在交易对价提高额度范围内对居间方实施奖励。

## 第三节　促成交易原则

促成交易是并购退出的基本原则之一，促成并购交易体现了企业家的核心利益。

## 一、摈弃执念，适时退出

一项股权资产，因行业竞争环境、企业经营情况发生变化，在不同时点，其价格差距巨大。某中国上市的互联网企业在市值最高超过 400 亿元且交易活跃，退市后一文不值；成功套现的少数股东，没有一个人是在股价高点套现的，之所以被认为成功，是因为他们在能够套现的时点，无论价格高低，成功实现了退出。企业家在确定并购退出战略后，如遇任何合理的交易机会，无论交易价格是否在最高点，都应该尝试交易并力图促成交易。

在并购退出环节，没有人有能力把握住最佳甚至较佳的交易时机，任何事后复盘的观点都没有价值，因为复盘时候交易的机会已经丧失，机会何时再来不得而知。企业家在并购退出中的遗憾，不在于低价出售了股权，而在于企业无以为继时，再也找不到另一个交易的机会。

不能寄期望于延后几年再交易，期待后期利润会增加；在并购退出中，最好忌惮后市竞争会加剧。非上市企业当期有利润且预期利润增加，紧接着到来的最大可能不是利润增加，而是引来了新的惨烈竞争，利润不可阻挡的下滑。

## 二、促成交易的具体做法

### （一）预期利润或者利润增加时退出

标的企业预期有利润或者利润增加，应即刻着手布局退出事宜，而不是等到利润实现或者增加后再考虑更高利润时实施退出。如果不是因为战略规划失当，在 2015 年完成交易的话，标的企业净利润实现的情况表明，这个企业在 2015 年净利润开始抬头，2015

年、2016年、2017年净利润处于上升态势，把这三年作为业绩承诺期，完成承诺无虑。

（二）按预期利润的下限披露业绩承诺

按照预期利润的上限向收购方披露预期利润，而按照预期利润的下限向收购方提供业绩承诺，以期获得最理想的估值净利润倍数，并最大可能地实现承诺业绩。退出方向收购方提供了几乎不可能完成的承诺业绩，而估值的净利润倍数却是常规标准的一半稍多，其实质是事倍功半；如果估值是常规的15倍净利润倍数，则交易对价不变，而承诺业绩降低近1倍。那么，最大可能是实现了承诺业绩，或者虽然承诺业绩未能实现，也不至于导致标的企业数亿元亏损，上市公司股价低迷。

（三）企业家亲力亲为

企业家须深度介入交易流程，具体参与决策，提高交易效率。这不仅是因为并购退出是企业家的"首长工程"，必须由企业家参与；更重要的是，"小而弱"的中小企业，企业家没有任何资格脱离工作一线，把经营事项委托给所谓职业经理人打理。这可能是企业在微小状态下徘徊不前的主因，不该搭建层级制的企业过早地采取层级制管理，不仅不能享受层级的好处（层级的好处在于加大杠杆，扩大管理半径，只有那些具备管理经验和较高职业素养的职业经理人才能够承担这个职责），而且同时，小企业可能过早地触及了层级制效率递减边际。任何"小而弱"的中小企业之所以弱小，极有可能与其不相称的层级授权相关。在江西企业案件中，那位老板"事事必不躬亲"的做派，与交易的混乱局面一脉相承；相反，在某地产并购退出案件中，客户实际控制人日日参与筹划、磋商，老板事无巨细均亲自参与，其交易效果超乎寻常。

（四）企业经营管理应在交割前为并购退出做准备

企业经营管理的目标应为并购退出的目标准备和服务。大部分进入或者即将进入并购退出通道的企业，仍然四平八稳，事事如旧，这不是一个进入并购退出通道企业的常态。进入并购退出通道的企业，从企业财务会计政策、薪酬制度、客户管理等各个角度，均应为并购退出准备和服务。例如，企业会计政策必须为并购退出作出适应性调整，收入确认的年份必须能够匹配并购业绩承诺的目标；原加速折旧的机器设备，需要更快速地在业绩承诺期到来之前折旧完成，或者，如果不能加速折旧完成，则需要延长折旧年限，期待在业绩承诺期减少折旧成本；那些影响净利润的待摊费用，须在业绩承诺期之前摊销完成；对于那些习惯性费用化影响企业当期利润的科研费用，在业绩承诺期应尽可能予以资本化调整，并妥善延长摊销期限；高管的高额奖金和销售团队的高额销售提成应尽量转变成非现金的形式，这不仅能够提高业绩承诺期的净利润，而且能够起到激励核心员工的效果；客户资源必须进行有效整合，对于产生较高收入的有价值客户，必须进行专项攻坚，其必要手段必然应该包括能达到与之共进退效果的股权激励措施。临战之前，企业所有经营管理，均应为即将到来的并购做好准备；开战之后，企业所有的经营管理，均应服务于退出的财务指标。

# 第九章

# 并购退出的管理

并购退出的管理是指并购退出交割后的管理，包括文档管理、专项事务管理和纠纷解决管理等内容；适用于中国A股市场的并购退出管理，侧重于对交易实质的理解，目的在于完成合同约定的业绩承诺，避免纠纷，减少赔付，兑现企业家财富。

# 第一节　概　　述

已兑现财富防守的第一道防线,在于交割后的并购退出管理;已兑现财富的第二道防线即最后防线是并购纠纷解决,我们后面章节将专门论述。本章论述交割后的并购退出管理。

## 一、并购法律咨询业务的组成

并购法律咨询业务,包括并购咨询、并购管理和并购纠纷解决三个相互关联又相互独立的时间有先后的业务板块。

(一)并购咨询业务

并购咨询工作内容大致包括并购合规性审查、并购战略规划、并购交易的实施和协助交割。并购退出环节的咨询工作的核心内容在于消除并购交割之前的所有内外部交易障碍;并购咨询的目的在于提升当事人的并购能力、防范法律风险,工作完成的标志是进入并购交易合同协商阶段、签署交易合同甚至完成交割。

并购咨询又明显分为持牌业务和非持牌业务。

所谓持牌业务,就是律师以拥有法律从业资质和基本技能,按照委托人的要求,就并购行为的合规性向委托人出具法律意见。通常情况下,国有企业、上市公司、规范管理的大中企业,并购启动后,按照相关规范或者企业内部规定要求,需要委托律师出具法律意见。其中,国有企业、上市公司收购合规性审查的内容大致由企业国有资产监管法规或者证券监管规则确定,而律师为其他大中企业收购出具法律意见,委托人的核心目的在于满足公司内部风控制度的要求,其合规性审查的内容往往根据项目不同,具备个性化的要求。

所谓非持牌业务，是律师或者其他并购咨询机构以其工作经验为委托人提供的咨询。在我国，行业或者社会上通常所理解的律师并购咨询，一般是侧重指持牌业务；在传统资本市场国家，非持牌业务几乎与持牌业务并重。很多并购咨询项目，可能既有持牌业务，又有非持牌业务。在某地产并购退出项目中，委托人希望律师就建设用地出让人可能存在的违约行为向其正式出具书面法律意见书，委托人将律师的法律意见书提交给《土地出让合同》对方当事人也就是建设用地出让人，以协助出让人认清其可能构成违约的法律风险；在消除《土地出让合同》违约风险这个交易障碍后，项目的其他咨询工作，均为非持牌业务，律师以其并购工作经验，协助消除其他所有交易障碍，顺利完成交易并交割。

（二）并购管理业务

无论并购是否是上市公司收购非上市企业股权，也无论是否存在业绩承诺，涉及中小型企业的企业家退出项目，其交易金额以亿元为单位，通常情况下均存在对交割之后的并购管理需求。根据其他国家和地区的并购业务习惯，并购管理的侧重点在于理顺母子公司之间管理关系，尤其是企业业务和文化的重组和融合、人力资源重组等；我国法律意义上的并购管理，结合交割之后的实际情况，核心内容在于文档管理、专项事务管理（包括沟通管理、业绩承诺管理、专项事务管理等）和纠纷解决管理等内容，目的在于让交割后的法律事项处于掌控之中。

在中国，并购退出方没有委托律师在交割后实施并购退出管理的习惯，也很少有律师从事过此类业务。

## 二、并购管理的现实意义

笔者在业务实践中提出了交割后“并购管理”的理念。在此之前，因为涉外投资并购或者中西管理文化交融，中国虽然存在以业务、文化和人力资源重组融合为内容的并购管理，但是还不存在以文档管理、专项管理、纠纷解决管理为核心内容的并购管理的说法。时至今日，站在并购退出方立场，并购退出管理的概念，在中国并购退出领域仍然是全新的。

大多数并购退出项目在交割后，基本上不存在专业性的管理投入，无论是收购方还是退出方，多数对交割后事项疏于管理；在多数交易合同中，对交割之后并购管理的约定也付之阙如。例如，某地产并购退出项目中，出售的包括股权及股东对标的企业的债权，甚至还包括案外人的债权（在大股东名下出售），交易完成后，新股东拥有标的企业100%的股权，同时受让原股东（包括案外人）对标的企业的全部债权。

在交割时，本项目各股东和案外的债权人原创性签署了一份权益转让分配表，将受让方分一年期支付的股权和债权转让款按照不同内容（股权成本、股东债权、股权收益、案外债权人的债权）、不同属性（股权和债权）、转让方在哪一期获得分配及其分配资金额度，详细列表；该表是复杂交易结构下内部分配的创新性安排，作为《股权转让合同》的附属文件，转让方根据《权益转让分配表》分期向各类主体支付资金，错落有致，处乱不惊。这就是一个典型的基于交易合同的核心约定制定的一个交割后并购退出管理性质的文件。

后期转让款交割支付的实际情况表明，这个分配表成了本交易后期运行中必要的“灯塔式”文件，指引着各方主体及其负责人、法务、收付款工作人员精准地按图索骥，复旧如新；哪怕是曾深入参与交易谈判沟通的核心人员，也必须依靠这个分配表才能复盘思考复杂的交易结构及其具体构成；同时，任何妄图乱中取栗、心怀叵测之人，在这个作为签署人之一的分配表面前，也每每望而却步，打消了屡屡萌生的非分之想。同时，在股权交割完成后，退出方的投资及财务负责人召开多次现场协调会，逐条理解交易合同核心条款的内涵，对现状及未来的影响，如何保管文档材料，以及如何将本次交易记账；对理解歧义或者可能存在的理解歧义，逐项逐人进行解释说明；协调会之后，退出方的投资及财务负责人，还多次专门就协议条款对自己这一方财务记账、开具发票等各类具体问题进行补充性咨询。

不仅如此，因这个地产退出项目大部分转让款延期 1 年支付，过程中存在付款延期、互付义务、沟通的确认等具体事项，咨询方始终与委托人协调并进，严格依据交易合同的约定，在乱局中平稳协调各类事项。

## 第二节　并购退出的管理内容

### 一、交易协议中关于并购管理的约定

双方当事人需要在交易合同或者附件中对并购交割后管理事项的范围、特定事项、管理方式、沟通形式、争议协调等事项，予以约定。

一个数亿元规模的并购退出交割后事项，时间跨度一般都超过 3 年，无论是否涉及业绩承诺，大概都是如此；管理期结束存在纠纷

可能的交易，双方当事人如果没有内部冲突协调机制，哪怕在细小事项上，都随时存在提交第三方裁决机构解决争议的可能，这不利于任何一方当事人的利益，尤其不利于并购退出方利益，企业家一生中最重要的交易事项，当然应该在和平环境下发展。

实盘操作的并购退出项目，避免纠纷或者出现纠纷后力争协商解决，是并购退出双方的核心利益。双方协商的基础，在于协议中充分详尽的约定，以及协议约定的措施机制。

## 二、文档管理

### （一）复盘研读交易文件

如前案例所述，文档管理的第一个工作，就是组织并购退出方，包括企业家本人、投资总监、财务总监、并购顾问等，一起复盘和研读交易文件，理解和吃透交易结构和交易内容的实质和细节，找寻交易要点和风险点。

不同专业背景的人对并购交易文件记载内容的理解角度和深度完全不一样，每一个人都受限于学识、专业和经验，而只有并购顾问律师的理解最全面、最精确、最深刻。能够操盘中型并购退出的顾问律师，不仅应具备作为执业基础、我们称为并购边界的法律技能，而且必须在财经、管理、会计核算、税务、金融监管等方面达到专业级别，同时，并购律师还必须了解标的企业所在行业的竞争状况、技术、竞争战略、商业模式等基本常识。进一步地说，如果想在并购退出领域出人头地，并购律师还应该具备深厚的人文功底，天文、地理、历史自不在话下，宗教、哲学、政治等领域也越来越成为一个成熟律师的必要功课，这些知识和技能融入一个人头脑中，结合业务实践，才会催化出无与伦比的综合技能和经验，这些技能和经验具备不可替代性，每一个经验丰富的并购律师，也因此与众不同。

工作团队的每一个成员都需要在同一角度和层面精准理解交易的实质。哪怕是最简单的一个问题，如果出现理解偏差，都可能在这个环节出现过失。例如，企业财务记录能否准确地反映交易。地产退出项目案，因涉及债权转让，如果退出方是法人单位，收取利息的单位需要向债权受让方开具增值税发票，并将利息收入纳入企业所得税年度汇算清缴；如果退出方是自然人，收取利息的一方也就是债权转让方需要申请税务服务机构向债权受让方代开增值税发票，并向税务机关申报利息个人所得税。在充分理解并购退出交易合同内容的场景下，这是一个常识性问题，通过阅读交易文件就可以搞清楚。但是，如果事后缺乏理解审阅交易合同的环节，在交易合同中已被转让的债权，其债务人原本就是标的企业，转让方收到利息后，受让方财务人员向转让方财务人员发出错误的工作指令，要求转让方直接向标的企业开具这笔利息的增值税发票，其意图当然是为了标的企业将这个利息作为待抵扣项目从而将来作为土地增值税的费用扣除。转让方财务人员经查询账务记录发现转让方所述属实，因为转让方根据交易合同已经转出的债权（债务）应记录但并未记录在受让方名下，该笔债权（债务）现在仍然记录在标的企业名下。如果没有交割后的各工作统一口径理解审阅交易合同，上述错开发票的过失在短期内并不会被发现。如果在标的企业项目土地增值税汇算清缴时才发现这个错误，那么就为时已晚，相关损失则肯定已经铸成。

在交割后环节，非专业人员最容易触犯的一个过失点，就是各类交易的相对性，以及依据新的处分文件带来的变化未能及时体现在企业管理场景中。任何简单的事情，稍有不慎，在交割环节都会带来意想不到的损失。

（二）文档汇总、归档

文档管理的第二个工作，就是汇总及持续汇总归档各类交易文件、交割后履行合同的各类文件并确定文档管理责任人，包括必不可少的财务顾问报告、评估报告、财务报表、交易合同及其附件、交易双方内部批准及监管机构核准文件、交割后标的公司管理过程文件、往来信函、公告及第三方专业意见、内部讨论记录等。通常情况下，企业家都是在交易完成几年后纠纷发生时才想起来收集材料提供给纠纷解决律师，为时晚矣。

很多中小企业家没有制作档案的习惯，更没有将交易文件规范归档的能力。所谓交易文件规范归档，不是仅指按照档案管理专业的规范归档，这属于归档的基础技能；交易文件规范归档，是指按照并购法律思维对交易文件归档。文档不仅要满足档案的一般性要求，而且需要将各类文档根据原件和复制件、重要文件和一般事务性文件、过程性文件和结果性文件、有效件和废件、系统性文件和独立性文件、并购核心交易文件和其他类相关文件等标准进行区分。

1. 原件的归档保存

对交易文件来说，一方当事人通常只有一份原件，一旦丢失，就如士兵丢枪、律师丢卷一样严重，相当于把作战的武器遗失了，说其影响程度多严重都不过分；律师不会保存委托人文档的原件，只会按规定借阅原件（如在纠纷解决案件核对原件）。

一个重要案件当事人曾经经历过找寻不到价值数亿额度的孤本原件，案件无法推进的窘况。所以，对重要交易文件的原件，必须专门在保险柜中建档保存。

2. 过程性文件的归档保存

有些过程性文件记载的内容与结果性文件存在矛盾，这些过程性文件被后期的交易结果间接性否决，但是因时过境迁无法准确说明这些过程性文件产生的原因以及为什么没有在结果性文件中直接否决其效力。当然，这些过程性文件一般不会产生任何不利影响，但涉及第三方的交易除外。以促成交易为原则的并购退出交易结果，都不会按别人（包括刑事侦查机构及裁决机构）理解的逻辑照规定动作推进，很可能体现了退出方的某些让步或者妥协，而过程性文件恰恰与之相矛盾。对于交易结果来说这些过程性文件事实上已成废件，对于第三方来说，可能成为其向退出方索取额外利益的凭证。因此，对于已经与结果出现矛盾甚至成为废件的过程性交易文件，须在谨慎评估后另外保存或者直接销毁。

3. 系统性文件的归档保存

系统性文件是指在一起共生有效而单独不周全或者引起歧义的信函、协议及补充协议，系统性文件被打散，会引起灾难性后果；系统性文件中任何一个或者部分文件不独立构成结果性文件，相互组合成系统而不能作为过程性文件做销毁处理。

4. 类相关文件的处理

在并购环节，存在战略规划、内部会议记录、员工激励及其交易文本等类相关文件，这些文件应单独归档保存，除了未完成的类相关交易尚存阅读价值，其余文件直接封存即可。这些类相关文件与核心交易文档混杂在一起，不仅造成混乱，而且会引起不必要的泄密。很多内部沟通的会议记录、员工激励安排等，大概率会涉及相关人员的隐私信息。

## 三、专项事务管理

交割后的并购退出专项事务管理包括对退出方至关重要的业绩承诺管理、转让款收款管理、信函管理、沟通管理、标的企业决策事项管理等。

(一)业绩承诺管理

业绩承诺管理,是拟订并持续修订完成承诺业绩的方案,持续分析承诺业绩实现的可能性,以及部分或者全部不能实现承诺业绩的处理预案。大多数情况下,并购退出的企业家并未竭尽专业能力对业绩承诺实施管理。例如,本书炊具公司纠纷案件推测可知,并购退出方并未就标的企业业绩不能完成的核心因素进行充分深入的分析,放任导致业绩下滑的情况出现。

(二)专项事务管理

大多数并购退出方是无目的地配合收购方完成了几乎所有的沟通事项,在涉及承诺业绩未完成可能的豁免事由场景中,如在董事会会议等涉及年度计划、预算与决算、投资项目、重要人事任免等董事会决议上随意签名同意,随意回复重要的信函,在要点不清、解决方案不明的情况下参与实质内容属于纠纷事项解决的会议决议或者在记录上签字。不仅如此,疏于管理的效应总是叠加发生,而并购退出方并不自知;在纠纷发生后,并购退出方为纠纷解决律师提供的解决建议和思路,往往也得不到事实支撑。例如,在炊具公司并购解决纠纷案件中,退出方疏于管理产生的漏洞,让人感悟很深。并购退出交割并不是企业家财富兑现的终点,而仅仅是新的开始。并购交易完成了财富兑现的合意,而交割仅仅是履行交易的启程。在这个仲裁案件中,申请人(退出方)提出收购方恶意控制标的企业,致使核心人员流失,解聘标的企业原总经理,是承诺业绩不能实现的核心原因。殊不知,在其提交的标的企业解聘总经理的董事会决议材料中显示,申请人作为董事长及董事会成员,以自己名义向董事会提出了解聘原总经理的议案,并在董事会审议解聘事宜的决议和会议记录上签名同意。虽然申请人在这个案件中败诉另有核心原因,但上述证据则充分显示,他申请仲裁的核心理由与证据能够证明的事实存在冲突,自相矛盾,当然不具备胜诉的基础。

## 四、纠纷解决管理

“无并购不纠纷”,任何并购均存在各种各样的纠纷,只是大多数纠纷是以当事人自行沟通协商的方式得到了解决。从这个角度来说,并购纠纷解决贯穿并购咨询和并购管理的始终。对于无法通过自主协商方式解决的可能进入诉讼或者仲裁程序的并购纠纷,就成为一个独立业务板块。

并购纠纷解决在律师行业中被界定为商事诉讼纠纷,很多律师具备纠纷解决的经验,但很少有律师将业务聚焦在并购纠纷尤其是并购退出纠纷解决领域。

从退出方立场,以业绩承诺补偿为争议内容的纠纷案件,核心目标在于消除或者减少并购退出方的赔付额度。在交割后并购退出管理中,从一开始就需要做好纠纷解决事宜,在不可避免的纠纷案件中,准备抗辩或者起诉材料,达到消除或者减少赔付的目的。

战略要地的防守,决定着战争的全局。并购退出管理的后一战就是并购纠纷解决;对一些并购纠纷来说,这是一场决定胜败的决战,如果是被动来到这最后一战,意味着并购退出方的核心利益,也就是战争需要固守的最核心要地,已经全然暴露在敌人面前,退无可退,必须决战,而胜负虽然未见,其结果早已被决定。这个胜负结果决定的过程,就在交割后的并购退出管理中。

# 第十章

# 并购退出纠纷解决

并购退出纠纷解决的法律来源，包括法律、法规、规章、司法解释、当事人之间的合同和自然法规则。对于业绩承诺纠纷来说，证明可归责于收购方的导致利润降低的直接原因才存在减少赔付的可能；因不可归责于当事人的客观事由降低利润的，能否减少业绩补偿金额，存在较大的不确定性；因第三方过错导致利润降低，业绩承诺方仅获得对第三方的索赔请求权而无法直接降低赔付。在业绩承诺纠纷解决施行中，“积极去做”，找寻胜诉的机会，是案件取得积极效果的一个重要理念。

# 第一节　并购退出纠纷解决的法律来源

并购退出纠纷解决,是防守已兑现财富的最后程序。

并购退出纠纷可能是并购双方的决战,其纠纷额度是并购交易金额的全部或者大部分,也可能仅仅是局部战场或者全局的善后扫尾,争议额度仅是交易合同的一部分或者一小部分。

## 一、并购退出纠纷类型

业务实践中,并购争议分为上市公司收购非上市企业股权和非公开市场并购纠纷两类。对于前者,一般是上市公司起诉追索业绩补偿款;对于后者,一般是因并购退出方起诉追索并购退出转让款而起。这两种纠纷,债权债务关系明确,案件事实清楚,除了一般的诉讼技术外,基本上不存在大是大非的争议。

另外,业务实践中,有两种并购争议,其结果具备不确定性。其一,非公开市场并购中,股权受让方以并购退出方不履行合同义务为由拒绝支付转让款引发的相互索赔或者追偿纠纷;其二,上市公司收购非上市企业股权中,并购退出方不认可业绩补偿款的额度而引起的纠纷。

本章只探讨上市公司收购非上市企业股权中因未完成业绩承诺引起的并购退出纠纷。如前所述,这类纠纷可能因并购退出方未支付业绩补偿款而起,由收购方起诉并购退出方,也可能因并购退出方不认可业绩补偿款的额度,由并购双方任何一方首先起诉。

本章以下部分是站在并购退出方的立场,从并购退出方利益的角度开展讨论。这主要是为了行文方便;同时,任何观点必然存在立场,无立场无观点,无观点无方法,无方法无证据,任何人都是先有立场才有观点,有了观点才能找到支撑观点的论证方法,有了论证方法才按图索骥去寻找证据。站在并购退出方立场讨论问题,并不意味着对收购方不利,这是因为任何观点的成立,在论证方法上,必然经得起对立方的挑战和裁判机关的审核。

经验感觉,多数因业绩承诺而引起的并购退出纠纷,均通过双方协商妥协的方式得到了解决。另外,纠纷提交第三方裁决机构后,在查明事实、分清责任基础上,也存在和解解决的可能。因此,本章的并购退出纠纷解决思路,对当事人之间和解协商和第三方裁判机构裁决,均为适用。

## 二、审判与仲裁程序

第三方裁决机构主要包括法院和仲裁机构。

法院对并购纠纷案件的管辖权是基于程序法的规定;而仲裁机构对案件的管辖权则完全因为交易合同中当事人关于仲裁条款的约定。

虽然部分并购退出方并不知仲裁为何物,但是,收购方专业咨询团队大概率会将仲裁作为并购纠纷案件解决的一个选项。我们已经知道,法院审判案件采取两审终审制,二审终审后,也比较容易启动所谓的"第三审程序",也就是再审程序;全部的仲裁机构依据《仲裁法》及各自的仲裁规则,都采取一裁终局,在仲裁案件中当事人没有上诉的机会,但是,有将仲裁裁决提交司法审查的机会。法院应当事人的要求审查仲裁裁决的合法性,一般仅限于对程序问题的审核,如是否按照仲裁规则向当事人送达了材料、仲裁员是否存在受贿等严重违法行为,对裁决结果涉及的证据事实认定、法律适用等,法院一般无权审查。[1]

## 三、纠纷解决的依据

在处理并购退出纠纷中,法院或者仲裁机构根据已查明的事实,依据现行的法律,作出裁判。法院或者仲裁机构据以裁判的法律依据的来源,或者其找寻裁判法律依据的所在,习惯上称为法律渊源。在并购纠纷案件中,有三个法律渊源,主要包括成文法、自然法规则和交易合同。

### (一)成文法

我国成文法包括法律、行政法规、地方法规、规章等。

并购纠纷解决程序是一个严格适用法律的过程,司法思维与行政监管思维不一样;并购交易合同如果违背监管规则的规定,在裁判机构的角度,无论是法院,还是仲裁机构,依据民法典的规定,并不因此而无效,这属于司法思维;并购交易合同如果违背监管规则的规定,则在监管机构实施的行政许可中不会过关,这属于监管思

---

〔1〕《仲裁法》第9条规定:"仲裁实行一裁终局的制度。裁决作出后,当事人就同一纠纷再申请仲裁或者向人民法院起诉的,仲裁委员会或者人民法院不予受理。裁决被人民法院依法裁定撤销或者不予执行的,当事人就该纠纷可以根据双方重新达成的仲裁协议申请仲裁,也可以向人民法院起诉。"及第58条规定:"当事人提出证据证明裁决有下列情形之一的,可以向仲裁委员会所在地的中级人民法院申请撤销裁决:(一)没有仲裁协议的;(二)裁决的事项不属于仲裁协议的范围或者仲裁委员会无权仲裁的;(三)仲裁庭的组成或者仲裁的程序违反法定程序的;(四)裁决所根据的证据是伪造的;(五)对方当事人隐瞒了足以影响公正裁决的证据的;(六)仲裁员在仲裁该案时有索贿受贿,徇私舞弊,枉法裁决行为的。人民法院经组成合议庭审查核实裁决有前款规定情形之一的,应当裁定撤销。人民法院认定该裁决违背社会公共利益的,应当裁定撤销。"

维。立法机关的逻辑在于将影响交易稳定性的规范尽可能地压缩到最少,以维持交易的稳定,只有国家最高立法机关制定的规范(也就是"法律")和最高行政机关制定的规范(也就是"行政法规")才有资格在被严格限制的情况下,具备影响交易合同效力的可能。各个部委包括证券行业主管监管机构等作出的任何规范,一般都不会影响当事人交易合同的效力。

最高人民法院的司法解释,通常是指具体在司法案件中运用法律问题的适应性解释,在影响交易合同的效力方面比较独特。很多司法解释,就某些具体问题和规则作出肯定或者否定的倾向性意见,在司法实践中影响巨大。很多交易合同通过约定仲裁的方式排斥了法院的管辖权,这些司法解释在仲裁机构不再具备"准据法"的效力;仲裁中,司法解释不再属于一个法律渊源。

在并购纠纷解决中,成文法依据主要解决的问题是交易合同是否因违背了法律、行政法规的强制性规定而无效,除此之外,大多数情况下,我国的成文法,包括监管规则、监管窗口指导意见、最高人民法院的司法解释,在发生纠纷后,这些规则或者意见,因为其规定的一般性而与具体的交易不可避免地存在距离,均无法作为并购退出纠纷裁决的具体依据。

典型案例的裁判逻辑,仅供裁决机构参考,不具备类似于普通法国家判例法的作用。在本书的前文,也阐释了即便在普通法国家,判例的作用也越来越受制于衡平法律师的抗辩和成文法的冲击;判例的作用比我们想象的要小得多。

(二)自然法规则

自然法相对于制定法(成文法)、神启法(费尔巴哈认为,神启的本质就是人的理想追求,从来就没有人之外的智慧动物,这就是宗教的本质）而存在，是人作为合格社会人的基本行为规范。[1]

如果某项自然法规则被立法机关制定成为成文法律，这些规则在成为法律之前属于自然法范畴，在被制订成为法律后不再是自然法规则，或者说与自然法规则重叠；同理，当事人在交易合同中约定的内容，既可能是成文法既有规则，也可能是自然法规则，或者当事人自行设定的规则，任何事项在交易合同中进行了约定，只要合同有效，其属性就属于合同，不再属于其原本的性质。

在成文法之前，社会以自然法规则作为行为规范；法官也会将公认的自然法规则作为裁判依据；经过数百年的发展，大多数自然法规则，诸如，生命至上、安全、自由、公平、平等、诚信、互惠等这些在17世纪人类转型期仅为少数大师有能力思考的自然法规则，[2]已经被普通法国家和成文法国家以判例、制定法方式予以确定，早已众所周知。

而还有一少部分自然法规则，深藏在某些交易行为之后，尚未被社会认知尤其是当事人发现，也未被立法机关发现，或者虽然立法机关已经发现，因其直入内核的"杀伤力"不一定能被普遍接受，立法机关也无意将其提升至成文法；这些未提升至成文法的自然法规则，有可能被律师和法官、仲裁员发现，进而能够作为调整当事人行为的规范依据。

任何自然法规则之所以能够被司法机关、仲裁机构采纳，其基本逻辑规范就是人作为理性的主体，应该按照一般标准去适用现代

---

〔1〕 参见［德］塞缪尔·普芬道夫：《人和公民的自然法义务》，鞠成伟译，商务印书馆2010年版，第83页。

〔2〕 参见［英］托马斯：《利维坦》，黎思复、黎廷弼译，商务印书馆2017年版，第97～123页。

社会生活，除非另有特殊约定，这些尚未被制订为成文法的自然法规则，能够引导社会人积极理性参与社会生活，成为合格的社会人。以本轮文明的“金律”总结即是“己所不欲勿施于人”。

对于有成文法指引规则和合同约定的，自然法规则虽有重叠或者竞合，应自然退居幕后。在大多数情况下，自然法规则已经被成文法中的公平原则替代。

（三）交易合同

合同是当事人之间的“法律”，只是这个“法律”具备相对性，仅在签署合同的当事人之间有效；合同的约定涉及第三人的，除非这个约定仅是为了向第三人输送利益，或者被第三人认可，否则，涉及第三人的合同对第三人不产生法律效力。[1]

如前所述，合同约定的内容涉及成文法管控的事项，如果约定的内容没有违背法律、行政法规的强制性规定，一般情况下都是有效的。虽然如此，这里面的情况还是比较复杂，如某些规章、监管意见可能涉及公共利益的保护，而合同当事人恶意串通违反公共利益、第三人利益的约定无效；这种情况，并不是合同因违反规章或监管意见的规定而无效，同样属于合同因违反了法律的强制性规定而无效，因为民法典关于合同无效的规定，也涉及了公共利益的保护。

只要没有穿透“合同无效”的这个当事人的“行为边界”，合同当

---

〔1〕《民法典》第522条规定：“当事人约定由债务人向第三人履行债务，债务人未向第三人履行债务或者履行债务不符合约定的，应当向债权人承担违约责任。法律规定或者当事人约定第三人可以直接请求债务人向其履行债务，第三人未在合理期限内明确拒绝，债务人未向第三人履行债务或者履行债务不符合约定的，第三人可以请求债务人承担违约责任；债务人对债权人的抗辩，可以向第三人主张。”及第523条规定：“当事人约定由第三人向债权人履行债务，第三人不履行债务或者履行债务不符合约定的，债务人应当向债权人承担违约责任。”

事人可以在合同中设定双方的权利义务内容；从这个角度，需要强调一下，“合同的约定优先适用”，是第三方裁判机构援引“法律”的基本原则，只要合同中有约定，并且该约定有效，这个约定将被“优先适用”，优先于法律、监管意见、交易习惯、自然法规则。

所以，合同是双方纠纷解决的核心依据。除了双方约定的合同书之外，还有双方有据可查的补充协议、履行凭证、往来信函、备忘录、会议纪要、电话录音等，只要具备“合意（意思表示一致）”的特点，都是合同的组成部分。

本书前面“并购退出管理”一章中，强调“文档管理”“沟通管理”的重要性，“文档管理”“沟通管理”就是管理当事人的“法律”文本和“法律”的制定过程。现在已经十分清楚，以“文档”“沟通”记录等组成的合同，就是调整当事人之间权利义务关系最重要的“法律”依据，合同是第三方裁判机构找寻裁判依据的最重要的“法律渊源”。

## 四、并购退出中的刑事责任

### （一）并购交易的行为边界

不得不慎重提示，并购退出交易涉及刑事追究的极端情况也有可能出现。

一个并购交易能够引起刑事司法侦查部门的介入，让纠纷对方找寻到刑事追诉这个解决路径，说明并购退出交易与中国刑法的罪名有一定的牵连性，交易合同和并购退出履约行为，与刑法规定的罪名有交叉，存在共生共管的领域。

现代社会财富的创造和实现，已经到了一定数量级别，数亿乃至数十亿的股权交易，其竞争的惨烈程度与第一产业时代武士通过杀伐对土地的掠夺和保护，并无性质上的不同而仅形式有别、时代不同。数亿元至数十亿元的财富流转，足以让纠纷对方从刑事司法角度去思考解决方案；而令并购退出方忐忑的是，被追诉的事实极有可能客观存在，依据刑法作出有罪的判决也并无不妥。

中小企业家理解的合规，以及中小企业家日常经营管理企业的习惯性做法，均不排除与刑法的规定相冲突。从这个角度来看，查询企业家并购退出交易涉及的行为边界严防死守不逾矩，是企业家在并购交易、交割后管理和并购退出纠纷解决中，必须遵守的底线。

（二）并购退出中可能的罪名

司法实践中，企业家并购退出有可能涉及的罪名有两个：合同诈骗罪、职务侵占罪

1. 合同诈骗罪

这个罪名高度匹配那些以提供虚假材料、财务数据造假实现并购退出的企业家。互联网查询发现，上市公司并购纠纷中，伴随并购退出方以涉嫌合同诈骗罪被追诉的，不是个例。按照这个罪名的追诉标准，非法占有数万元足以定罪量刑，而非法占有数百万元对应的刑期会达到10年以上甚至无期徒刑，并处没收非法所得。[1]

---

[1] 《刑法》第224条规定："有下列情形之一，以非法占有为目的，在签订、履行合同过程中，骗取对方当事人财物，数额较大的，处三年以下有期徒刑或者拘役，并处或者单处罚金；数额巨大或者有其他严重情节的，处三年以上十年以下有期徒刑，并处罚金；数额特别巨大或者有其他特别严重情节的，处十年以上有期徒刑或者无期徒刑，并处罚金或者没收财产：（一）以虚构的单位或者冒用他人名义签订合同的；（二）以伪造、变造、作废的票据或者其他虚假的产权证明作担保的；（三）没有实际履行能力，以先履行小额合同或者部分履行合同的方法，诱骗对方当事人继续签订和履行合同的；（四）收受对方当事人给付的货物、货款、预付款或者担保财产后逃匿的；（五）以其他方法骗取对方当事人财物的。"

也就是说，这是一个重罪，足以导致被追诉方身败名裂，家破人亡，几无再翻身机会。在某市法院审判的一个并购退出方被诉合同诈骗罪案件中，辩护方提出，所有与收购相关的事实均已经被收购方委托的律师、审计机构审核无误，不存在诈骗；而律师和审计机构仅就其能够查询到的材料发表意见，且假定所收集材料是真实的。判决结果显示，这个辩护理由没有被采纳。

2. 职务侵占罪

与企业任职相关的罪名，伴随并购退出纠纷，最容易被追诉的就是职务侵占罪。它的追诉标准各地有所差异，也大概以数万元作为追诉、起诉的起点标准。企业家及其管理团队在并购交割后大多仍然在标的企业任职，而标的企业的控股股东已经变更。标的企业"小而弱"中的"弱"就包含了财务核算的合规性不足，长期经营埋藏的隐秘之事因并购而被收购方掌握。一旦出现纠纷，哪怕在标的企业财务记录上数万元的未结事项，也可能被放大，最贴切的涉嫌罪名就是职务侵占罪。企业家或者其管理团队以"标的企业财务制度不健全""财务记录在管理团队名下的款项其实用到了企业经营"等辩护理由，通常因证据不足而无法被采纳。

上述刑事追诉，通常会与并购退出民事纠纷案件并行。

## 第二节　业绩承诺纠纷

### 一、业绩承诺未能实现的直接原因

因未完成承诺业绩引起的并购退出业绩补偿纠纷案件，对并购退出方来说，想获得减少赔付的诉讼目的，存在重重困难。

在起诉之前,收购方作为原告,手中持有的证据材料基本上不存在太多瑕疵。不仅有必要的交易合同,还有标的企业年度业绩完成情况的财务报告和审计报告,交易合同约定的第三方审计机构关于标的企业年度业绩完成情况的鉴证审核报告,以及相关的公告等材料。并购退出方如果没有提前做足准备,单纯从具体案件抗辩角度,其胜诉的机会极度渺茫。

任何人包括带兵打仗、阵前鼓舞士兵勇敢杀敌的精英骑士,临战都可能会怯场。13 世纪初期,欧洲出现一批专门杜撰"骑士救美"、力挽乾坤、杀富济贫通俗流行小说的写手,当时的读者并不质疑为什么骑士出没的林间野外总有那个时代最漂亮的美女落难,骑士英雄诞生在这些作家的书斋中而不是真实的世界中。〔1〕企业家中没有人能够获得预知未来、扭转乾坤的力量,如果说有人能够在当代社会超越普通有能力做一些小事情,那主要是因为这些人长期勤奋、坚持和内敛,在关键事项处理中,长期的学术训练和实践积累,让他们具备了发现和解决关键矛盾的能力。但是,那些传闻中"战无不胜"的所谓"大律师"是不存在的,除非你相信欧洲中世纪"骑士救美"的故事是真实的。

因承诺业绩未完成而起的并购退出纠纷,其关键矛盾就是业绩实现的原因及其原因阻断(业绩未实现的原因);作为提供业绩承诺的并购退出方,在并购退出纠纷案件中,关键在于找寻"承诺业绩未能实现的直接具体的原因",并分析这些原因是否能够消除或者减弱自己的业绩补偿责任。否则,不免除退出方的补偿责任。也就是

〔1〕 参见[英]大卫·休谟:《英国史》(第 1 册),刘仲敬译,吉林出版集团有限责任公司 2012 年版,第 378 页。

说，并购退出纠纷诉讼胜诉或者部分胜诉，或者能够在纠纷调解中获得优势的关键点，是能否找到一个直接的“赖场”（责任方），否则，就只能“赖自己”（也就是并购退出方承担责任）。[1]

我们已经知道，并购退出战略规划是财富兑现的筹划，交易的实施包括交割是企业家财富兑现的过程，交割后的并购退出管理是企业家已兑现财富的第一道防线，并购退出纠纷解决则是企业家已兑现财富防守的最后一战。所以，纠纷解决的重点在纠纷发生之前，而不仅仅是在并购纠纷解决程序中。

前述影响承诺业绩实现的直接具体的原因，如果归责于收购方，在交割后的并购退出管理过程中，必须通过一定程序锁定证据，以备后续之需。过程就是程序，而程序极有可能决定案件事实，这个逻辑在交易过程中各方多不自知。在法律上存在各种各样以时间的流逝换来的利益，例如，撤销权，任何撤销权，只有1年的行使权利期间，此期间不能延长，过时不候；过期，交易被永久锁定，不得撤销。再如，并购过程中的异议权，有些纠纷当事人说，“我在当时提出了质疑，但是，没有记录在案”；其实他说错了，他的异议没有记录在案，记录本显示的却是“各方均同意”。

## 二、案例：收购方不应因撤换管理层而承担责任

### （一）案情

在本书提及的那个炊具公司并购退出纠纷案中，上市公司因标

[1] 中国的“赖场”文化形成于元代，对那些有实力的作奸犯科者不敢评头论足，元杂剧形成了“没赖场赖和尚”的庸俗文化，剧情以和尚道士尼姑这些在当时属于弱势的群体为主角说尽人间龌龊事取悦观众。此处“赖场”指并购退出纠纷利润不能实现的具体直接的原因。

的企业没有完成承诺业绩而拒绝支付剩余45%股权转让款,引发并购退出方向仲裁机构申请仲裁。

申请人提出的核心主张是收购方过度控制导致标的企业核心员工辞职,收购方撤换了标的企业原总经理,导致后两年承诺业绩未完成,收购方应承担责任。

在仲裁之前的交易双方内部协调中,对于退出方提出的这个理由,曾有过一轮沟通。如果退出方能够提供出来影响承诺业绩实现的直接具体的原因,并说明这些直接具体原因的责任方在收购方的话,收购方愿意就相关事项对股权转让款的影响进行重新协商。但是,至仲裁申请提交前,退出方未能提供任何直接具体的影响业绩实现的原因,双方未能就纠纷事项达成和解。

(二)归责事由

在仲裁中,收购方就所谓影响承诺业绩实现的直接具体原因进行解释和说明。在标的企业的股东会层面,如果被收购方提出了一个对标的企业年度利润实现有直接影响的年度经营计划(例如,年度营销计划),收购方不予认可,而直接导致标的企业未实现或者部分未实现业绩;或者,被收购方对标的企业某项错误经营活动提出修改建议,在股东会上被大股东(收购方)否决,而直接导致标的企业出现损失;或者大股东越过董事会、经理层直接插手标的企业日常经营,作出错误决策,而直接导致标的企业出现损失。上述导致承诺业绩未完成的直接具体的原因,可以纳入本案由收购方直接承担责任。很显然,被收购方在仲裁中未能提供上述直接具体的原因及这些原因归责于大股东的证据,仅仅证明了大股东存在疑似过度干预的证据,未能提交这些干预行为对业绩直接不利影响的证据;且在任何一次股东会会议上,被收购方均投了赞成票(被收购方在并购退出交割后仍保留10%股权),说明大股东未在股东会层面过度干预。

(三)一条自然法规则:收购方不因撤换管理层而承担责任

在这个案件中,各方共同努力,本书作者作为收购方代理人也有效参与其中,从各位专家严谨治学中所获颇多。这个案件中发现了一个在并购领域隐藏久深的一个自然法规则,对今后并购纠纷解决的影响十分重大。

仲裁裁决认为,即便存在收购方对标的企业的过度控制行为,撤换了原经营层,因收购方是标的企业的大股东,标的企业经营恶化大股东损失最大,因此,大股东没有理由让标的企业利润降低,不能认为大股东过度控制标的企业是造成承诺业绩不能实现的理由。[1]

当然,从前文分析可知。这个自然法规则将会因交易合同的反向约定而无效。并购双方如果在交易合同中约定"任何原因撤换管理层,被收购方不再承担业绩承诺责任"或者类似约定,则优先适用合同的约定。

这个案件的结果已经显而易见,仲裁裁决驳回了并购退出方的申请,支持了收购方的抗辩理由。很多人对并购退出方的损失感到遗憾;遗憾之余的收获,是明白了这个案件并购退出方到底输在了哪里。

---

〔1〕 这条规则之所以构成自然法规则,是站在任何一方立场,该规则都是成立的,符合"已所不欲勿施于人"的自然法金律。

## 第三节　双方无过错

现在开始讨论各方均无过错情况下,如何减少业绩补偿款的承担。

不归责于一方当事人、影响业绩实现的直接原因,如果属于不可抗力或者重大客观事由,这个抗辩事由几乎被并购退出方忽略,在年度业绩补偿审核环节置之不理,收购方因时间的流逝,获得重大利益。可能很多人不知道,不可抗力或者重大客观事由,如需调整业绩补偿额度,必然基于法律规定或者交易合同的约定,及时通知,充分协商。并购退出方任凭光阴流逝,本来可以根据客观事由,免除全部或者部分业绩补偿,机会丧失,时不再来。

在江西企业交易结构存在重大缺陷的并购退出纠纷案件中,也出现了些许希望之光。在交易合同中明确约定了"事先无法预知,事后无法控制"的客观重大变化导致标的企业不能实现承诺业绩"对业绩补偿造成的影响""由双方另行协商处理"的条款。

收购方在专项公告中,均把2018年度、2019年度因"环保升级""市场疲软"等联动性客观重大变化作为标的企业业绩不能实现的唯一的理由,而且承认这些事由"事先无法预知"。这位老板在2019年度终了,向收购方提出了协商处理业绩补偿的要求;收购方回函认为,此举无厘头,不予协商。

对此,并购退出方认为,既然协议约定出现上述影响承诺业绩的情况后,业绩补偿事宜"由双方另行协商处理",事实上通过合同约定方式排除了交易合同业绩补偿条款在出现客观重大变化影响业绩的情况的适用;在业绩补偿条款不能适用情况下,如果双方不能就此另行达成协议或者协商一致,视为就此情况下的业绩补偿事宜双方没有约定。法院不可能因为双方当事人之间就此类情况没有约定而驳回原告的起诉,最大可能是根据客观情况对承诺业绩不能实现的影响程度,依据公平原则,对2018年度、2019年度的业绩补偿额度进行自由裁量。

### 一、第三方过错情况下业绩补偿额的承担

不归责于一方当事人、影响业绩实现的直接具体的原因,来自第三方的过失,如何处理?

在炊具公司并购退出纠纷仲裁案件中,申请人提供了大量证据,以证明标的企业更换后的经营管理层存在过失,导致标的企业营业收入降低、净利润下降。

对此,在提交仲裁申请之前的交易双方协调阶段,收购方真诚地向并购退出方提议:如果有证据证明标的企业管理层,包括董事、监事或者高级管理人员存在管理过失责任,可以直接以股东名义向这些人提出赔偿请求。这与并购退出纠纷涉及的内容不一样,并购纠纷是合同关系,管理过失是损害赔偿责任;交易合同的逻辑在于意定,以当事人约定为准;损害赔偿基于法定。不能混为一谈。

在大多数并购退出纠纷中,并购退出方会提出上述共性问题。但是,他们最后大多不愿意向他们认为有过失的高管提出索赔请求。因为,所要启动的程序"诡异"(间接)而复杂,[1]证据能够证明

---

〔1〕标的企业管理人员存在管理过失,在标的企业拒绝起诉情况下,公司股东可以代位诉讼,诉讼获得利益归标的企业所有。参见《公司法》第151条以及最高人民法院《关于适用〈中华人民共和国公司法〉若干问题的规定(四)》第24、25条。

的直接损失具体直接导致其赔偿额度分配到并购退出方相对于业绩补偿不足挂齿,启动案件的成本与收益极端不匹配。它作为收购方一个抗辩理由屡试不爽。

## 二、小结

在并购退出方的角度,笔者提出一个纠纷解决的理念:积极行动起来,寻求减少业绩补偿额度的各种有利因素。这些有利因素包括:

其一,穷尽交易合同的约定,找寻任何可能对并购退出方有利的约定。

其二,在交割后的并购退出管理环节,考虑是否有机会搭建新的逻辑结构,在会议记录、往来信函、专项事宜解决等场景下,斟酌有无可能填补交易合同约定的空白。

其三,具体分析承诺业绩未完成的直接原因,以及这些原因是否来自收购方的责任。这个分析必须是具体的,原因必须与业绩减少的结果一一匹配,否则无法达到减少业绩补偿的预期。

其四,有无导致承诺业绩无法实现的客观原因。

其五,有无(除收购方之外的)其他主体的过失责任导致了承诺业绩无法实现。

其六,并购退出方有无刑事责任风险。

在并购退出纠纷案件中,并购退出方所能够动用的策略就是积极去做,哪怕找到任何似是而非的思路,只要方向正确,尽力去推动。这是并购退出方所兑现财富的防守之战,需要并购退出方竭尽全力,不到最后不能轻易放弃。

在财富防守最后一战中,谁也不能预言结果,谁也无法举定乾坤;纠纷所依据的一切规则,都来自当事人的约定,很少有成文法规则和自然法规则能够调整当事人的权利义务关系;遗憾的是当事人约定并不周全,存在大片的空白地带;法律仅仅规定了并购交易的边界,这些边界对并购退出纠纷解决没有直接作用,因为在民事纠纷中,合同合法有效,并购交易本身并未触及这些边界。所以,要积极去做,用重新搭建的逻辑结构去填补和补充这些空白;用时间换取利益,让懒惰的人去承受不利的后果;用智慧作为弹药,让不勤于思考的人作茧自缚。

# 第十一章

# 特殊领域的并购退出
## ——房地产并购退出

中国房地产已经进入需求总量平衡、结构调整阶段；并购退出方大多因为房地产行业生存环境和竞争战略的调整而陷入困境，被动退出；收购方通过注入流动性、品牌和管理赋能，激活收购项目，并存在对优质项目的收购冲动；房地产并购创新空间巨大，将主要发生在新视角、新结合、新方法等领域。

# 第一节　概　　述

房地产涉及面非常广泛,从传统的土地一级开发、房屋开发,到房屋租售经纪、物业服务,再到最近几年火爆的以房地产用途为内容的旅游地产、养老地产、教育地产、体育地产等,都与房地产行业相关。

本章讨论的房地产企业,也就是指房屋开发企业为对象,同时,房地产企业的并购退出,主要以房地产项目公司的股权转让为典型形式。

## 一、房地产项目公司的定价逻辑

房地产项目公司一般不具备可持续盈利能力,以项目开发完成为终点,这足以导致房屋开发公司并购定价逻辑与其他行业不同。对于永续经营的其他行业,其股权定价以标的企业未来永续经营净利润的现值为基础;对于开发特定项目而设立的房屋开发企业来说,其股权定价以项目净收益的现值为基础。永续经营的其他行业,未来充满不确定性,以未来收益法对其股价的评估,建立在诸多假设且这些假设在未来不发生足以影响估值逻辑的重大变化基础上,这是一个悖论。而房地产项目公司的未来收益,可以被精准地计算出来,虽然也有不确定性,但大体能够被识别。

## 二、论证的立场

并购退出均以收购方获得收益为先决条件,正如上市公司发行股份购买非上市企业股权项目中,上市公司必然获得流动性补偿;

房地产企业并购多以现金作为对价支付手段,且多数标的企业仅有建设用地的资源并无当期净利润,一般也不提供业绩承诺。因此,房地产企业并购退出更应考虑收购价值,站在收购方角度,分析一个项目具备什么价值,才能够引发收购。也就是说,我们不仅在并购退出方的角度分析退出的原因,更会站在收购方立场,分析收购房地产项目的原因。

这是一个浩大的工程,很显然已经超过本书作者的驾驭能力。作为一个外行,长期以来仅仅以一个普通消费者的视角观察这个行业;但是,外行具备旁观者清的优势,可以分享业内无暇思考的问题,尤其是并购逻辑和并购创新。

## 第二节　房地产并购退出的逻辑

### 一、中小型开发商“压力山大”

中国城镇约340亿平方米的存量住宅,绝大部分都是在最近三十年陆续建成的。[1] 最近一些年,每年十几亿平方米的开发量,大部分都被市场刚需和改善型需求消化掉;在人口急剧新增的城市,目前还在处于供不应求的市场格局;在北京等拥有核心竞争能力的城市,住宅还存在总体短缺以及结构性需求不能满足的问

---

〔1〕 1991年中国人均住房面积约为7平方米,全国总人口为115,823万人,当年中国的城镇化率为26.94%,由此可以测算出1991年中国城镇人口数量为31,202万人,则中国1991年城镇住宅总面积约为22亿平方米,目前中国城镇住宅总面积约为340亿平方米。由此可见,中国城镇的存量住宅,绝大部分都是在最近30年陆续建成的。

题,在未来不少于20年期间内,市场整体还处于平稳期。

(一)新需求没有想象的大

如果没有对房地产市场大局的理解和分析,盲目进入这个领域竞争,多数中小开发商,肯定会遇到不可避免的障碍。在大多数城市,普通刚需型住宅已经从供不应求转变成供大于求;在需求较大的城市内部,部分区域的供求已经基本平衡;在北京这样的超级城市,任何改善型住宅的购买,动用的资金量巨大,庞大的存量二手房市场足以成为新房的替代品,开发商早已开始感受到了巨大压力。

决定商品能否售出以及商品以什么价格售出的因素,不是由出售方决定的,甚至也不是由购买方决定的,而是由超出供应量那部分商品或者其替代品,及其出售价格决定的。北京160万家庭尚未居住在成套住宅中,并不意味着北京住宅的新增有效需求就是160万套。这些无房家庭,大多数在短期内可能始终处于无力购买的状态下;或者,有能力购买住宅的无房户,是否购买新房,以及如果愿意购买新房,各新房出售方包括二手房出售方的态度,将决定新房能否出售,以及新房出售的价格。新房地段可能大多不会满足购房者的需求,而海量的二手房总有一套肯定能满足需求;如果新房的价格不能被接受,总有一套二手房的售价能被接受。

(二)中大型开发商施加的压力

在人人都有大数据基本搜寻能力的今天,市场出售和价格信息透明意味着购买方存在优势,中国几乎所有的城市,都是房屋出售方支付撮合交易的居间费用,仅北京等少数城市例外。在大多数城市,能够以预期价格将新房出售,完成开发目标,成了部分中大型品牌开发商的专利;大部分中小开发商,在市场充分竞争下,已经处在极为尴尬状况下,房子不好卖,“去化”周期被无限拉长。

## 二、金融监管措施遏制了房产消费

中小房企的困难还不止这些。

房屋售价相对于目标客户的收入，也即是房价收入比，一般以10倍为临界点，房价收入比超过10倍，不具备购房能力；房价收入比低于5倍，购房不再有太大压力。按照平均收入来说，北京的双职工家庭购买一套90平方米住宅，不吃不喝也需要10年以上的收入。换句话说，处于平均收入阶层的家庭没有能力在北京购买商品住宅。各地情况有所差异。大体上是房价越高，房价收入比越高，购房能力越低。相关的金融措施，如住房抵押贷款，应运而生。

每年数万亿元的个人住房抵押贷款增量，使存量贷款居高不下。金融监管措施导致在最近几年新增贷款总量被控制，设定了各种监管"红线"。[1] 反过来看，这些金融监管措施一定程度上延缓或者遏制了住房消费。因金融监管措施持续发力，房地产行业的生存环境和竞争模式，已经发生了重大变化。

## 三、过度杠杆化

从房地产企业投资人角度来看，房地产是一个可以过度杠杆化的行业。上市房企披露的资产负债率数据显示，很多公司的资产负债率高于90%。这对于销售能力和交付能力强的大公司来说不是大问题，相当一部分负债是以无息预收购房款方式形成的，一旦正

---

〔1〕 中国最近几年轮番对房地产行业监控，这里面包括限贷措施、同一个银行的房地产贷款总额不能超过贷款总量一定比例等措施。参见中国人民银行、中国银行保险监督管理委员会2020年12月31日发布的《关于建立银行业金融机构房地产贷款集中度管理制度的通知》。

常交房,这些负债自然会消失。对于房屋滞销、有息负债率过高的中小房企,数年前尚能勉强生存,在房地产生存环境和竞争模式改变后的今天,就是另一回事了。

金融的核心在于信用,而信用以流动性和资本充足率为保障。对于高杠杆投入的房地产项目,滞销导致流动性极差,资本充足率明显低于行业惯例,靠银行贷款、非银行机构融资、借新还旧等方式融资,在房地产高速发展供不应求的数年前,一般能维持信用不崩溃。在房地产去杠杆、主要以产品差异化定位适应市场结构化需求为竞争战略的今天,很多中小房企已经被债务或者潜在债务压垮,出售项目成了一种必要的选择。

## 第三节　收购房地产企业的原因

房地产的收购方主要是那些规模较大的上市房企,他们对经营效率和利润存在需求。

### 一、中大型上市房企存在收购地块需求

中小房企一般不具备持续盈利预期,一个项目开发完成,在下一个项目找到之前,不再持续盈利。这与大型房企和上市房企不一样。大型上市房企具备可持续盈利预期,导致其股价得到支撑。大型上市房企虽然土地储备充足,但是,一个项目或者片区的开发量总是需要与这个区域的有效需求匹配,储备地块通常是分期逐步开发的;大型上市房企在同一个城市的其他区域,或者没有土地储备的其他城市,存在收购地块的需求。

统计数据显示,一个营业收入数百亿规模的上市房企,数年来

共计收购了数个住宅项目开发公司的控股权,上市房企几乎存在类似的收购节奏。上市房企通过设立项目公司公开摘牌方式获得地块,也通过收购方式获得地块。众所周知,从地价的角度来看,前些年通过各种合法渠道获得的土地价格一般是低于近几年的地块摘牌价,合理的收购价格不仅让并购退出方有利可图,也会给收购方带来价值。收购方的价值不只是体现在收购地价可能低于或者不高于新摘牌价格,更重要的是提高了开发效率。大型上市房企对新城市或者城市新区域的项目布局,收购存量项目方式相对于重新摘牌拿地方式,要节约一到两年的时间。

## 二、激活项目

一个高杠杆的中小房企已经无以为继,是因为中小房企再无力加大杠杆,项目公司因流动性不足不能清偿到期债务而陷入困境;同样的项目放在大型上市房企手中,虽然其资本充足率也不太高,但是其流动性导致标的企业的资金缺口将不足挂齿。不仅如此,大型上市房企的开发经验和品牌价值,使一些项目在中小房企手中举步维艰,而在收购方新品牌和开发经验赋能下,会顺利推进。我们知道,项目公司被收购,虽然限于项目土地使用权等证照登记变更十分烦琐,项目公司的名称不能随意变更,但是,项目的商品名称则可以在收购后随意更换;项目总容积率不能随意提高,但是,整体房型和小区景观布局可以重新设计。

## 三、上市房企并购利润

在房地产行业生存环境和竞争战略都已经改变的今天,具备适应新环境和战略调整能力的大型上市房企,有意愿收购不再具备竞争能力的中小房企。

(一)收购并表后,股价会提升

没有资金“瓶颈”和市场“瓶颈”的中小房企看似没有必要实施并购退出,但是,从大型上市房企对利润的需求角度来看,年度利润的增加将带来股价上升的联动效果,上市房企也有收购优质在售项目的冲动。

房地产行业上市公司的估值相对于其平均净利润来说虽然不到8倍,[1]相比大多数其他行业的上市公司来说这不算高,这是房地产被定位为类金融行业的属性导致的。对于一家没有持续盈利预期的中小房企,其股东能够获得收益的最大值,就是完成项目开发土地增值税汇算清缴、企业所得税后的股东净收益。项目市场现状反馈好,营业收入高,净利润高,可以将基于测算的未来收益通过股权转让方式套现,将项目公司控股权转让给上市房企。上市房企具备可持续盈利预期,对有利润项目收购并表的结果有利于后市股价提升,其提升逻辑有规可循,即每1元的并表净利润,在二级市场表现为8元上下的市值增额。对并购双方来说,这个并购就有了价格协商的空间。不具有可持续盈利能力的非上市中小房企股东,有可能以超过项目净收益的价格将股权出售给上市公司;上市公司收购非上市房企股权,给上市公司股东带来并表后利润的二级市场股价增值效应,可以适当对并购退出方予以补偿。

(二)资产收益率提升、股价提升

大型上市房企因预售带来的经营性债务融资(系指预收的购房

[1] 参见行业股票信息上海市场A股市盈率,载上证所信息网络公司网,https://www.sseinfo.com/services/other/peratio/,最后访问时间:2021年3月16日。

款)或者其他方式债务融资,这些在每一家上市房企中都持续存在的资金如果不产生收益或者不能快速产生收益,对上市房企的股价是负相关因素,与资产收益率、股价成反比,这些资金量越大,表现为总资产提高,资产收益率(ROA)降低,股价随之降低;这些资金的一部分短期内用于收购有利润的成熟项目,在公司资产不变而收益提升的情况下,直接表现为资产收益率提升;动用这些资金短平快收购优质项目,其结果将直接导致公司收益提升。也就是说,这个收购行为也会导致公司净资产收益率(ROE)的提升,资产收益率上升,股价也会随之提高。

## 四、收购逻辑殊途同归

总结一下大型房企收购的原因有二:其一,收购陷于困境的中小房企,“雪中送炭”,通过资金、品牌和开发经验赋能,激活项目;其二,收购有利润的优质项目,“锦上添花”,提高公司资产收益率、净资产收益率,稳定股价或者提升股价。在这两种收购中,对“雪中送炭”者,并购退出方需要在自己的历史成本基础上,计算收购方因地价降低(系指目前时点通过公开摘牌方式拿地的成本与收购方式拿地成本的差额部分)、效率提升(系指收购项目节约了时间)角度获得的收益,收购价格以双方分享这些降成本提效率带来的收益为标准;对于“锦上添花”式收购,并购退出方需要在自己可能的收益基础上,计算收购方及其相关利益方因并表标的项目的当期利润而带来的股价增值空间,在聚结项目收益基础上,适当分享收购方及其相关利益方所获得的部分收益。

## 第四节 房地产企业并购退出创新

房地产企业并购创新的具体,随着认知的提升、法律监管和土地管理实务的容许空间扩大而逐渐推进。对于目前正在实施的并购模式,放在十几年前看,都属于创新。因此,我们在本章中仅仅谈论创新的理念,并试举几个创新的思路,无法穷尽所有的创新模式。

并购退出的创新手段,不在于交易的性质,其交易的性质大体上是以收购控股权并表为标准;不在于交易的内容,任何收购交易的核心内容都在于利润的转移,收购款仅仅是项目未来收益的现值。房地产并购退出,无一例外不是并购退出视角、结合、方法等方面的创新。

### 一、房地产并购新视角式创新

房地产收购的视角,是站在房地产收购角度,向地产外面去看。传统的房地产收购是站在房地产角度向房地产内部看。站在房地产角度向外看,房地产收购存在无限的空间,房地产并购退出也会无穷无尽。

(一)工业用地“送储”补偿的困境

一个传统的工厂地块已被闲置多年。工厂的业主当然看到了地块存在的房地产潜质,但是,他不知道如何将传统地块带入房地产,以及地块进入房地产领域后,他的收益如何得到保障。例如,我国东部沿海某中等城市规划调整中,某一宗100亩的工业用地,品相完好,已经完成拆迁,四至清晰无争议,因城市发展被包围在新城中心,可能被规划调整为商住用地。当地土地储备中心提供的收储要约显示,收储补偿金额不足挂齿,仅为每亩数十万元,且仅高于工厂历史上获得土地使用权成本的1倍。工厂存在较大额度的负债,如果以这种方式被收储,工厂股东不能解决历史遗留问题。他为这个地块支付的成本,以及抵押贷款的本金和利息,已经远远超过了收储补偿。工厂股东无意获得超额补偿,他想获得稍高一点补偿,解决历史遗留问题,但是,他在市场上找寻买家,数年来谈了几十家都无疾而终。

这宗工业用地的地块规划条件可以调整为住宅用地,收储后将会改变土地性质,基本操作方法是按照工业用地收储,再以住宅用地挂牌。同区域市场可接受的住宅地块的楼面地价大致在3000元/平方米,按照2.5的容积率测算,100亩地出让金高达5亿元,而本次收储补偿金额仅为5000万元。这个操作中土地储备中心的收益最大但阻力也最大,因为工厂股东不同意;按照法律规定,非公益性质的收储,不能强制,只能协商。双方始终在协商,几年来无法达成一致,陷入僵局。

当地一家住宅开发商看中了这个地块,几年来跟进这个项目投入了大量人力成本,但是始终在外围转圈,不得进入交易的方法。他们想与土地储备中心商谈一旦他们与原使用权人协商补偿事宜后,能否有机会获得这个项目后期的住宅开发权。他们的想法与土地公开出让的法律强制性规定相冲突,此路不通。

这个项目的一切交易元素都已经透明。所有潜在交易方的交易意图都已清晰。工厂股东仅仅希望获得大约9000万元的补偿金即可满意退出但土地储备中心无法满足;开发商愿意以5亿元上下的市场价格获得这个地块开发权,土地储备中心希望从中获利,但是,又无法满足工厂控制人的要求。

按照所在城市土地收储补偿办法,对原工业用地土地使用权人的补偿金额可以通过三种方法予以确定:其一,工业用地收储指导价;其二,参照农村集体土地收储补偿价格,这与工业用地收储补偿大体相当;其三,双方协商确定的价格。

土地储备中心作为执行收储的机构,仅有按照政府决策进行操作收储的权力而没有收储价格的决定权,因此,名义上的收储协议签署主体虽然是土地储备中心,而实际的决策主体或者交易主体则是土地所在地政府,包括区和所在的市两级政府,它们在土地挂牌收益中按照规定分享土地收益。收储成本则根据情况通过向资金市场筹措解决。

(二)创新解决思路使得各方获益

一个创新的收购办法被工厂的股东接受。他期望的补偿底价已经确认(9000万元),而收储补偿协议的沟通协商通道必须基于他的同意,因此,开发商计划与他签署附生效条件的《股权转让协议》,约定工厂股东将100%股权转让给开发商,交易对价具备弹性,底价是9000万元,交易价格根据工厂获得土地收储补偿的金额具备弹性,工厂获得补偿金额等于或者低于9000万元的,股权转让金额即为9000万元,工厂获得补偿金额超过9000万元的部分,超过部分由工厂原股东获得其中的20%。股权转让协议的股权转让部分在协议签署时生效,股权转让价款(条款)在工厂土地收储后生效、在工厂获得收储补偿金以后支付;土地收储不成功,双方解除股权转让协议,交易恢复原状。

开发商在此后的操作流程也完全合规合法。在所在地政府完成收储决定后,它可以工厂名义与土地储备中心签署收储补偿协议,约定土地收储补偿为土地变性后摘牌价格的50%(这是一个常规的补偿比例)。同时,它将以竞买人身份去竞买这个地块。假定它以 5 亿元价格竞买成交,则工厂将获得 2.5 亿元补偿金。在支付完股权转让价款后,剩余部分大致还有 1.28 亿元,相当于它虽然名义上以 5 亿元的价格竞得土地,实际土地成本仅为 3.72 亿元,而且,土地增值税的抵扣成本仍然按照 5 亿元执行;如果土地竞拍价格超过预期。例如,竞拍价格到了 6 亿元,开发商可以放弃竞争,在工厂获得的 3 亿元补偿中,他将无风险获得 16,800 万元的收益。

在这个创新的交易中,所有潜在的交易方都有可能获得收益,没有人受到损失。土地储备中心如果不能收储,将无利可图;开发商介入后,土地储备中心成功收储,无论摘牌价格多少,它都将获得摘牌价格 50%的收益,此前无须支付任何收储成本;开发商可能会获得收益,如果它成功摘牌,将获得超低地价而土地增值税抵扣成本不因此降低,如果因地价高放弃摘牌,将获得巨额的无风险收益;工厂原业主没有受损,可能获得超额收益。工厂原业主推进项目若干年,无法打通死结,交易停顿,与开发商创新的股权转让交易,如果交易不成功,任何人都不受损,各主体权利恢复原状。

## 二、房地产并购新结合

在新结合角度的并购创新也空间巨大。多数房地产并购退出是因为标的企业无法清偿到期巨额债务,这些债务多由非银行金融机构提供,风险大,利率高,持续多年没有偿还,这是“影子银行”、信托通道业务“旧制度”的产物,导致项目早已建成也无法出售。那些大型不良资产经营机构的营业范围只允许它收购不良债权,不能收购标的企业的股权;而上市房企因为厌恶巨额债务,对标的企业避而远之。如果没有股权收购方的参与,不良资产经营机构也会裹足不前;没有不良资产经营机构的参与,上市房企也不会贸然收购。不良资产经营机构在打折收购不良债权后的预期收益率,通常能够被上市房企支持;两者各取所需,相关合作方案,也就是债务偿还、项目激活、利益分享的约定,在不良债权和标的企业股权收购中同步进行。

## 三、房地产并购的方法

我们知道,上市房企收购的核心目的在于并表标的企业的利润,通过品牌、融资能力、管理能力赋能,激活项目。但是,因项目开发均有风险,无法确定在标的企业被收购方赋能的情况下各方是否达到预期。而上市公司必须从法律和事实上对标的企业实施控制,相关的交易可以从"控制"的财务并表标准考虑。法律上的"控制"不一定表现为持有标的企业超过半数的股权,各方协议安排实施的各种控制,足以导致收购方在法律上对标的企业实施控制。例如,有权利委派半数以上的董事,或者在章程中约定与持股比例不一致的表决权以及利润分配安排等,都足以导致收购方不投入或者少投入,在控制收购风险情况下,向项目赋能,激活项目,合作多赢。

# 参考文献

1.[法]马克·布洛赫:《封建社会》(上卷),张绪山译,商务印书馆2004年版。

2.[法]孟德斯鸠:《论法的精神》,许明龙译,商务印书馆2012年版。

3.[法]托克维尔:《论美国的民主》(上卷),董果良译,商务印书馆2013年版。

4.[法]费尔南·布罗代尔:《十五至十八世纪的物质文明、经济和资本主义》(第2卷),顾良、施康强译,商务印书馆2017年版。

5.[美]奥利弗·E.威廉姆森、西德尼·G.温特编:《企业的性质》,姚海鑫、邢源源译,商务印书馆2010年版。

6.[英]李约瑟:《文明的滴定》,张卜天译,商务印书馆2018年版。

7.韩毓海:《五百年来谁著史——1500年以来的中国与世界》(第3版),九州出版社2011年版。

8.潘光旦:《优生原理》,北京大学出版社2010年版。

9.[美]纳西姆·尼古拉斯·塔勒布:《黑天鹅》,万丹、刘宁译,中信出版社 2011 年版。

10. [法]费尔南·布罗代尔:《地中海与菲利普二世时代的地中海世界》(第 1 卷),唐家龙、曾培耿等译,商务印书馆 2017 年版。

11. [德]卡尔·冯·克劳塞维茨:《战争论》,时殷弘译,商务印书馆 2016 年版。

12. [美]凡勃伦:《有闲阶级论》,蔡受百译,商务印书馆 1964 年版。

13. [美]苏世民:《苏世民——我的经验与教训》,赵灿译,中信出版集团股份有限公司 2020 年版。

14. 潘光旦:《中国伶人血缘之研究,明清两代嘉兴的望族》,商务印书馆 2015 年版。

15. [法]欧内斯特·勒南:《耶稣传》,梁工译,商务印书馆 2010 年版。

16. [美]罗恩·彻诺:《摩根财团》,金立群校译,江苏文艺出版社 2014 年版。

17. [英]波洛克:《普通法的精神》,杜苏译,商务印书馆 2016 年版。

18. [美]彼得·德鲁克:《创新与企业家精神》,蔡文燕译,机械工业出版社 2009 年版。

19. [美]弗兰克·H. 奈特:《风险、不确定性与利润》,安佳译,商务印书馆 2010 年版。

20. [美]纳西姆·尼古拉斯·塔勒布:《随机漫步的傻瓜》,盛逢时译,中信出版社 2012 年版。

21. [英]亚当·斯密:《国富论》,郭大力、王亚南译,商务印书馆 2015 年版。

22. [美]塞巴斯蒂安·马拉比:《格林斯潘传》,巴曙松、陈剑、张悦等译,浙江人民出版社2019年版。

23. [美]本·伯南克:《金融的本质》,巴曙松、陈剑译,中信出版社2017年版。

24. [美]丹尼斯·J.罗伯茨:《并购之王——投行老狐狸深度披露企业并购内幕》,唐京燕、秦丹萍译,机械工业出版社2014年版。

25. [法]保尔·芒图:《十八世纪产业革命》,杨人楩译,商务印书馆1983年版。

26. [美]戈登·塔洛克:《官僚体制的政治》,柏克、郑景胜译,商务印书馆2012年版。

27. [美]戈登·塔洛克:《经济等级制、组织与生产的结构》,柏克、郑景胜译,商务印书馆2015年版。

28. [德]赫尔曼·海因里希·戈森:《人类交换规律与人类行为准则的发展》,陈秀山译,商务印书馆1997年版。

29. [古希腊]阿里安:《亚历山大远征记》,李活译,商务印书馆1979年版。

30. [古希腊]修昔底德:《伯罗奔尼撒战争史》,谢德风译,商务印书馆2018年版。

31. [美]安德鲁·卡内基:《卡内基自传》,亦言译,中国友谊出版公司2013年版。

32. [美]琼·斯特劳斯:《美国银行家——摩根传》,王同宽等译,华夏出版社2014年版。

33. [英]霍布斯:《利维坦》,黎思复、黎廷弼译,商务印书馆2017年版。

34. [英]大卫·休谟:《英国史》(第2册),刘仲敬译,吉林出版集团有限责任公司 2012 年版。

35. [美]塔米姆·安萨利:《无规则游戏——阿富汗屡被中断的历史》,钟鹰翔译,浙江人民出版社 2018 年版。

36. [意]维尔弗雷多·帕累托:《普通社会学纲要》,田时纲译,社会科学文献出版社 2016 年版。

37. [美]兰德尔·柯林斯、迈克尔·马科夫斯基:《发现社会——西方社会学思想述评》(第 8 版),李霞译,商务印书馆 2014 年版。

38. [美]埃里克·霍弗:《狂热分子——群众运动圣经》,梁永安译,广西师范大学出版社 2011 年版。

39. [英]大卫·休谟:《英国史》(第 3 册),刘仲敬译,吉林出版集团有限责任公司 2012 年版。

40. 管仲:《管子》。

41. 萧一山:《曾国藩传》,江苏人民出版社 2015 年版。

42. [英]托马斯·霍布斯:《贝希摩斯——英国内战缘由史》,李石译,北京大学出版社 2019 年版。

43. [古罗马]奥古斯丁:《论三位一体》,周伟驰译,商务印书馆 2018 年版。

44. [英]约翰·马图夏克:《亨利八世与都铎王朝——"多面暴君"和他的传奇帝国》,王扬译,中国友谊出版公司 2020 年版。

45. [德]塞缪尔·普芬道夫:《人和公民的自然法义务》,鞠成伟译,商务印书馆 2010 年版。

46. [英]大卫·休谟:《英国史》(第 1 册),刘仲敬译,吉林出版集团有限责任公司 2012 年版。

47. [荷]伊恩·布鲁玛:《创造日本:1853—1964》,倪韬译,四川人民出版社 2018 年版。

48. [英]特蕾西·博尔曼:《托马斯·克伦威尔——亨利八世最忠诚的仆人鲜为人知的故事》,郭玉红译,社会科学文献出版社 2019 年版。

49. [美]艾里克·克里南伯格:《单身社会》,沈开喜译,人民文学出版社 2017 年版。

50. [德]维尔纳·桑巴特:《为什么美国没有社会主义》,孙丹译,电子工业出版社 2013 年版。

51. [法]夏多布里昂:《前往美洲:夏多布里昂游记》,冯道如、侯敏译,江苏凤凰文艺出版社 2014 年版。

52. [美]罗伯特·伍斯诺:《小镇美国——现代生活的另一种启示》,邵庆华译,文汇出版社 2019 年版。

53. 老子:《道德经》。

# 后　　记

在2020年新冠肺炎疫情期间，我开始着手将几年来关于企业家退出的思考成果写成一本书，动笔后才发现这个工作比想象的要困难无数倍，其间甚至放弃若干次，多次将本书的研究方向、研究范围和体例推倒重来。2021年1月开始，我连续几十天每天早上六点多到办公室开始写作，下午在极度疲惫的时候离开；2021年农历辛丑年春节第一天，又开始新一轮的修订工作，从初一到十五，不眠不休。即便如此，我仍然忐忑不安，不知道这些工作能否给读者带来预期的价值，本书不可避免的缺憾，只能期待将来有机会弥补。

感谢法律出版社周丽君编辑的悉心投入。在她的指导下，数次修改书稿，体系、体例逐渐完善，我也在她的耐心工作中感受到了编审的专业水准。

由衷感谢我的同事胡倩楠，她作为香港大学法学院的法律硕士研究生，精准和娴熟地完成了我安排的注释索引、校对、体例调整等事务性工作，并提供了很多有价值的建议，没有她的工作，本书将黯然失色。

感谢刘建董事长，他创建的宽带公司成为本书的重要研究素材。他为了美好的预期,辞职下海创业,坦然面对一切,宠辱不惊、隐忍坚持的作风,诠释了企业家的风范。

感谢我的儿子 Allan,他刚刚在北美一所全球 TOP30 的大学读大一,我把本书的英文翻译权授予了他。本书的英文书名出自他的精心思考,他坚持、内敛、节俭,与很多同龄人成为好朋友。

本书研究的持续深入,极有可能会给法学研究提供一条新路径、新领地。我也计划在《企业家并购退出》的基础上,对企业家并购退出的各板块内容进行更深入的研究,力争在未来取得更多的成果,为企业家文化建设贡献绵薄之力。

本书的不足和不当之处,文责自负;本书的价值(如有),则大部分来自上述各位、诸多朋友及客户,在他们的帮助下,才得以成书。

吴西彬

2021 年 12 月于北京